무기력상자

할 수 있다는 믿음
# 무기력상자

© 따돌림사회연구모임 교실심리팀, 2019

초판 1쇄 ㅣ 2019년 9월 25일
초판 2쇄 ㅣ 2020년 6월 22일

지은이 ㅣ 따돌림사회연구모임 교실심리팀
펴낸이 ㅣ 정은영
디자인 ㅣ 디자인봄
일러스트 ㅣ 뭉덩

펴낸곳 ㅣ 마리북스
출판등록 ㅣ 제2019-000292호
주소 ㅣ (04053) 서울시 마포구 와우산로29길 37 경원빌딩 301호

전화 ㅣ 02)336-0729, 0730
팩스 ㅣ 070)7610-2870
인쇄 ㅣ (주)현문자현

ISBN 979-11-89943-02-8 (44180)
      978-89-94011-72-1 (set)

마리 i
마음상자
03

할 수 있다는 믿음

# 무기력상자

따돌림사회연구모임 교실심리팀 지음 l 웅덩 그림

마리북스

# 할 수 있다!
## 어떻게? 어떻게든!

 너 혹시 지금 무기력에 빠져 있는 건 아니니? 우리에게 무기력은 언제 찾아올까? 우리의 마음이 움직이지 않을 때지. 왜 마음이 움직이지 않을까? 분명 나름의 이유가 있을 거야. 그래서 내 마음의 바닥에 주저앉아 일어날 생각을 안 하는 거지.

 잘 생각해보렴! 공부를 열심히 했는데 시험을 망쳐서. 내가 뭘 해도 마음에 들어 하지 않는 엄마, 아빠 때문에 가슴이 답답해서. 좋아하는 아이한테 고백했는데 차여서. 수학 시간에 선생님이 무슨 말을 하는지 도무지 몰라서. 이보다 더 심한 경우도 있어. 세월호 사건처럼, 하루아침에 단짝 친구를 영영 볼 수 없게 되어서. 이럴 때는 상처를 입지 않을 수가 없지. 매일 똑같은 아침, 점심, 저녁. 똑같은 하루가 너무 재미없어서일 수도 있어.

그래서 내 마음의 나락에 갇혀 아무것도 하지 않고, 무언가를 해보고 싶은 생각조차 하지 않는 것. 이게 무기력이야. 상처가 너무 깊어서 스스로를 마음 저 깊은 곳에 꼭꼭 가두거나 벗어나고 싶은데 방법을 모르거나. 둘 다 '해보겠다!'는 의지 대신 '포기'를 택하는 거지. 그러니까 무기력의 다른 말은 '포기'라고도 할 수 있어.

매일 똑같은 하루, 힘든 나날들이지만, 내일은 나아질 거라는 기대가 조금만 있어도 우리는 절대 무기력에 빠지지 않아. 지금 아무리 수학 점수가 바닥이라도 하루에 수학 공식을 3개씩 꼬박꼬박 외워서 다음 시험에서는 10점이라도 오를 거라는 예감이 있다면? 내가 좋아하는 아이한테 차였지만, '그래 두고 보자!' 하는 마음으로 이를 악물고 공부해서 좋은 대학에 입학하고, 너보다 더 좋은 사람을 만나겠다는 오기가 생긴다면? 지금은 비록 경제적으로 힘들어서 엄마, 아빠의 지원은 받지 못하지만, 나의 재능을 언젠가는 꽃피울 수 있을 거라는 가느다란 희망이라도 있다면? 그럴 때 우리는 절대 무기력에 빠지지 않아. 오늘의 이 정체 상태가 내일도, 모레도, 어쩌면 영원히 지속될지도 모른다는 막연함이 무기력을 부르지.

그런데 안타깝게도 여기에서 꺼내줄 수 있는 사람은 오직 자신밖에 없어. 나를 사랑하는 엄마, 아빠도, 나를 지극히 아끼는 선생님도, 나랑 제일 친한 친구도 절대 나를 꺼내줄 수 없어. 무기력과의 싸움은 철저히 나와 나의 싸움이야.

너희가 무기력에 빠져 있으면 누가 괴로운지 아니? 집에서는 엄마와 아빠고, 학교에서는 선생님들이야. 왜냐하면 무기력은 전염성이 아주 강하거든. 힘들어하는 너희를 보며 아무것도 해줄 수 없는 자신을 깨달을 때 부모님도, 선생님도 깊은 절망과 한숨으로 무기력에 빠지지.

세상의 모든 엄마, 아빠, 선생님들이 기대하는 건 잘난 너희가 아니야. 지금 자신이 어떻든 '변화'하려는 마음을 가진 너희지. 그 변화가 좋은 쪽이든 안 좋은 쪽이든 말이야. 설령 안 좋은 쪽이더라도 '움직이는 마음'을 가지고 있는 한, 사람에게는 생명의 에너지가 꿈틀거리며 돌아다녀. 그래서 우리가 이《무기력상자》를 썼어. 너희에게 조금이라도 살아 숨 쉬는 에너지를 불어넣고 싶어서.

제일 첫 장면은 '잠자는 학교'야. 다양한 이유로 자는 이 친구들을 보면서 너희는 어떤지 한번 돌아보렴. 다음은 우리를 훅 치고 들어오는 '무기력의 길'을 찾을 거야. 일상 속의 권태인지, 일시적인 것인지 아니면 습관적인 중독인지.

우리가 생각한 무기력의 가장 강력한 배후인 '인생 각본' 이야기도 아주 흥미로워. '무기력을 무기력화하자!' 이런 마음으로 무기력 공식도 만들어봤지. 이 공식을 잘 들여다보면, 내 안의 무기력이 보일 거야. 그 무기력을 자기 우정으로 멋지게 탈출하는 이야기도 있어.

심리학자 반두라는 '할 수 있다는 믿음'이 중요하다고 했고, 한동안 전 세계적 인기를 끌었던 책 《그릿》에서는 "할 수 있다! 믿음을 가지고 행동하라"라고 했어.

'할 수 있다! 어떻게? 어떻게든!'

오늘부터 마리아이와 함께 이 말을 주문처럼 외워보자고! 마리아이, 다시 얘기 안 해도 누군지 알지?

2019년 9월
따돌림사회연구모임 교실심리팀

# 차례

## 1장 ··· 잠자는 학교

## 2장 ··· 나도 무기력일까?

# 3장 ··· 무기력 공식

# 4장 ··· 시간의 구조화 깨기

# 5장 ··· 자기 우정, 항상 내 곁에 있는 나

난 좀 노는
아이니까 잔다

못 알아들어서
잔다

# 뭘 해야 할지 몰라서 잔다

자는 게 제일 좋아~

# 우울해서 잔다

# 다 알아서 잔다

# 바빠서 잔다

움직이지 않는 나의 마음에
기대와 가치를 불어넣는

# 무기력상자

1장

잠자는 학교

무기력 바이러스

우리가 자는 다양한 이유

잠자는 아이를 깨워라!

시간을 죽이는 다양한 방법들

도미노 같은 무기력의 전염성

# 무기력
# 바이러스

　너희 방탄소년단 알지? 그래, BTS. 하긴 모를 리가 없지. 전 국민, 전 세계가 다 아는데. UN에서 하는 연설은 봤어?

　BTS가 미국 빌보드 차트에서 두 번이나 1위 하더니 UN에서 연설했잖아. BTS가 좀 자랑스러웠는데 연설 동영상을 보니 눈이 번쩍 뜨이더라고. 아, 괜히 세계 무대를 제패한 게 아니었구나.

　BTS만큼은 아니지만, 눈이 번쩍 뜨이게 하는 아이들이 학교에도 많다고? 맞아. 학교에는 별별 아이들이 많지. 남학생반 같은 경우는 속옷만 입고 휴지로 둘둘 몸을 감은 채 춤을 추는 아이, 체육복 바지를 가슴까지 끌어올려 현란한 뒤태를 자랑하는 아이, "조심해라. 내 심장의 흑염룡이 뛰쳐나올 수 있다. 인간."

이런 어이없는 말을 지껄이는 아이도……. 그리고 허세 가득해서 약한 애들 힘으로 겁주는 애들도 있지. 걔들 때문에 고생하는 사람은 또 얼마나 많아. 여학생들은 조용할까? 이 아이들은 낙엽만 굴러가도 깔깔대. 얼굴이 벌게져서 웃는 여학생에게 왜 그러냐 물으면 누군가를 가리키며 "쟤가…… 쟤가……" 이러다가 또 숨이 넘어가라 웃음이 터져. 친구들끼리 싸움이 날 때는 또 어떻고? 일단 신경전이 벌어지면 살벌하기가 전쟁이 따로 없어. 그래, 교실은 전쟁터야.

그런데 이렇게 시끄러운 교실에서도 아주 조용한 아이들이 있어. 너무 조용해서 조금 걱정이 되지. 쉿! 비밀인데 사실 그 아이들은 바이러스에 감염된 아이들이야. 영화에 나오는 좀비처럼. 아니, 좀비는 아닌데 좀비처럼 무시무시한 바이러스에 잡혀버린 친구들이야. 무슨 바이러스냐고? 그건 바로 무기력 바이러스야.

· · ·

이 아이들은 자신이 잘할 수 있는 무기를 빼앗긴 아이들이야. 부모님이 짜놓은 스케줄에 따라 '월화수목금금금' 학교와 학원을 오가며 살아. 그러다 보니 자신의 무기가 무엇인지 생각해보기는커녕 무기를 찾을 기회마저 빼앗겼지. 부모님들은 숨도 대신 쉬어줄 듯 행동하고, 모든 고민은 대입 이후로 미루라고 해. 주 52시간 노동의 시대가 왔다고 하는데 아이들에게 52시간 학습 노동은 그림의 떡에 불과해. 책상 앞에 앉아 있는 아이들은 많지만, '난 누구? 여긴 어디?' 왜 앉아 있는지 모르는 경우가 많지.

그러다 점점 심각해지면 숨 쉴 힘조차 없

는 아이들이 돼. 이들 하나하나에는 구구절절한 사연이 있어. 그 이야기를 들어보면 듣는 사람까지 무기력해져. '아, 나라도 그렇겠구나' 생각하게 되지.

그런데 세상에나 BTS도 무기력 바이러스에 걸린 순간이 있었대. UN 연설에서 리더 RM은 '아홉, 열 살쯤 내 심장은 멈췄다'는 가사 이야기를 했어. 그때쯤 다른 사람의 시선을 의식하고, 다른 사람의 시선으로 나를 보기 시작하면서 누군가가 만들어 놓은 틀에 자신을 끼워 맞추는 데 급급했고 이내, 자신의 이름을 잃어버렸고, 유령이 되었다고 했지.

그토록 멋진 BTS에게도 그런 순간이 있었다니 믿기지 않지? 그런데 어떻게 지금의 그들이 될 수 있었을까? RM은 연설에서 이어서 말했어. 다시 심장이 뛰게 한 것은 음악이었노라고. 그리고 말했지.

"어제 실수했더라도 어제의 나도 나이고, 오늘의 부족하고 실수하는 나도 나입니다. 내일의 좀 더 현명해질 수 있는 나도 나일 것입니다. 이런 내 실수와 잘못들 모두 나이며, 내 삶의 별자리의 가장 밝은 별무리입니다. 저는 오늘의 나이든, 어제의 나이든, 앞으로 되고 싶은 나이든, 저 자신을 사랑하게 되었습니다."

아, 이 대목에서 나도 심장이 다시 팔딱팔딱 뛰는 것 같았어.

이렇게 팔딱거리는 심장이 있는 한은 무기력 바이러스 따위는 절대 침투하지 못할 텐데……. 그런데 우리는 RM이 아니잖아?

. . .

아 참, 나 누군지 알지? 나 마리아이야. 다시 만나서 반가워. 근데 넌 몇 학년이야? 초등? 중등? 고등학생? 학교생활은 어때? 재밌어? 친구랑 잘 지내? 공부는 할 만해? 넌 뭘 좋아해? 싫어하는 것은 뭐고? 하고 싶은 것, 되고 싶은 것은 뭐야?

에구구. 내가 처음부터 너무 꼬치꼬치 물었나? 헤헤. 내가 좀 수다스럽긴 하지. 미안.

무. 기. 력. 무슨 뜻일까? '무'는 없다는 뜻이지. '기력'은 기운, 힘이란 뜻이야. 그래서 무기력은 기운이 없다, 의욕이 떨어진다, 아무것도 하기 싫다, 뭐 이런 뜻이야. 너희는 어때? 이런 경험, 해본 적 있어? 어느 날 문득 앉아 있는데 이런 생각이 들어.

'난 왜 이러고 있는 거지?' '난 왜 학교를 다니는 걸까?' '난 왜 공부를 하는 걸까?' '하기 싫다. 다 하기 싫다. 전부, 전부 다 아무것도 하기 싫다.'

의욕도 없고, 힘도 없고, 재미있게 보던 코미디 프로그램도 보기 싫어. 그저 아무것도 하기 싫고, 그냥 책상에 엎드려 잠만 자고 싶어. 옆에 친구가 뭐라고 하면 짜증나고. 선생님이 왜 수업 시간에 자냐고 물어보시면 딱히 대답할 말은 없어. 피자를 보면 늘 맛있다는 생각뿐이었는데, 요즘은 피자의 흐물흐물 늘어진 치즈를 보며 꼭 나 같다고 생각해.

어때? 너도 알겠어? 난 아니라고? 하지만 뭔가 정확히 말하기는 어렵지만 어렴풋이 그 아이들의 마음에 공감이 가?

그래. 자기가 그러든 주변에서 그런 친구를 보았든, 무기력은 사실 우리와 아주 가까이 있어. 그래서 이 이야기를 하려고 해. 너희 학교에도 잠자는 친구들 많지? 혹시 너도 자는 거 아니니?

# 우리가 자는
# 다양한 이유

왜 자꾸 자는 얘기를 하냐고? 무기력의 아주 대표적이면서도 흔한 증상이 바로 잠자는 것이기 때문이야. 좀 전에 내가 몇 학년인지 물어봤잖아. 사실 초등학생은 무기력한 아이들이 많지는 않아. 오히려 과도하게 흥분 상태인 아이들이 많지. 그런데 중학생이 되면 조금씩 자는 아이들이 생겨. 음…… 중2 병이란 말이 있잖아? 중학교 1학년 교실까지만 해도 그렇게 자는 아이들은 없는데, 중2부터는 뭔가 큰 변화가 있는 것 같아. 자는 아이들이 생겨나는 것은 그때부터일 거야.

고등학교에 가면 상황은 더 심각하지. 뭐 학교마다 다르겠지만, 평범한 인문계 고등학교 학생들에게 "너희 학교에 자는 아이들 있니?" 이렇게 물어보면 아마 빤히 쳐다볼 거야. 질문이 잘못되었으니까. 제대로 질문하려면 이렇게 해야겠지.

"너희 반에는 자는 아이들이 왜 그렇게 많아?"

그런데 자는 아이들도 할 말은 있다고! 그 얘기를 들어볼까?

. . .

## 난 좀 노는 아이니까

내 짝인 수호는 오늘도 지각했다. 10분, 20분 지각이 아니다. 3교시에 학교에 왔다. 어제는 6교시 끝나고 들어오더니, 오늘은 시간을 잘못 봤다고 수업 중간에 교실에 들어왔다. 그래서 아이들 모두가 수호를 쳐다봤다. 수호는 언제나처럼 아무렇지 않게 자리에 앉았다. 그러곤 바로 엎드려 잔다.

수업이 끝나고 다음 수업 시간이 되어간다. 다음은 음악이라 음악실에 가야 한다. 그런데 일어날 생각도 않고 또 엎드려 있다. 어제는 잠자다 이동 수업도 못 가 무단 결과가 됐다. 수호를 깨울 겸 "넌 잠만 자냐?" 하고 등짝을 내리쳤다. 그러자 벌떡 일어나 한 대 칠 듯 노려보며 말한다.

"남이사 자건 말건 네가 무슨 상관이야?"

이런, 또 무단 결과 될까 걱정해준 건데. 나는 그만 머쓱해지고 만다.

음악 시간 또 엎어진 수호의 뒤통수가 보인다. 쉬는 시간에는 아이들 책상을 발로 차며 야, 야, 으르렁거리던 녀석이 지금은 조용하기만 하다. 수업 시간에는 더 이상 센 척할 수 없어서일까? 수호는 정말 자는 걸까? 자는 척하는 걸까?

## 수업 내용을 못 알아들어서

걱정이 하나 있다. 나는 늘 그것에 대해 걱정하고 고민한다. 휴, 아마 모든 사람이 걱정하는 문제일 거다. 그건 바로 나다. 내 인생이다. 난 공부를 잘하고 싶다. 사실 초등학교 때는 나도 나름 공부를 잘했다. 그런데 언제부터일까 공부가 어려워졌다. 우리집은 잘살지 않는다. 내가 다른 특별한 재능이 있는 것도 아니다. 난 공부를 하지 않으면 안 된다. '이번 시간에는 절대 잠들지 않겠어!'라고 다짐해보지만……. 난 이번에도 수업 시작 10분을 못 넘기고 잠들고 말았다. 진심으로 수업을 듣고 싶다. 근데 당최 무슨 소리인지 알아들을 수가 없다. 외계어가 난무하고 특수문자들이 둥둥 떠다니는 것만 같다. 선생님이 분명히 한국

말로 수업하시고 있는 것 맞
지? 나만 못 알아듣나? 그래
서 오늘도 나는 걱정한다. 내
인생이 걱정이다. 그래도 내 짝
의 잠든 모습이 나를 위로해준다.
친구가 흘리는 침만큼 내 마음도 편
하다. 여기까지 생각하다가 잠든 것 같다. 오늘도 무기력을 듬뿍
충전했다.

## 바빠서

나는 쉴 틈이 없다. 그래서 수업 시간에 잠깐 자는 거다. 선생
님께 반항할 생각은 없다. 단지, 피곤할 뿐이다. 점심시간에 6반
이랑 축구하기로 했다. 쉬는 시간에도 틈틈이 연습을 해서 그런
지 좀 피곤하다. 점심시간에는 체력이 완전히 회복돼야 경기에
서 이길 수 있다. 그럼 수업 시간에 잠깐만 샘 몰래 졸 수도 있
다. 수업을 안 듣고 자고 싶어서가 아니다.

그런데 복도에서 만나면 목소리가 쩌렁쩌렁 힘이 넘치는 채영
이는 수업 시간에는 왜 그렇게 자는 거지? 어느 날 궁금해 물었

더니 밤에 할 일이 그렇게도 많단다.

"메이크업 유투버, 그게 나라고. 밤마다 메이크업 공부하랴, 영상 만들랴, 할 게 얼마나 많은데……. 낮에 잠이라도 자둬야 하지 않겠어?"

오호라, 그러니까 채영이는 자는 게 아니라 충전하는 거라는 말이군.

저기 민철이가 오전 내내 자고 있다. 쟤는 쉬는 시간에도 안 일어난다. 1교시 책을 펴놓고 점심 때까지 잔다. 선생님들도 포기하신 것 같다. 폐인 같은 자식. 민철이는 학교에서 늘 자고 집에서는 게임하며 밤을 지새운다. 그러면서도 게임 레벨은 별로다. 그렇게 학교에서 처 자면서도 아직도 레벨이 그것밖에 안 된다니. 나는 학교에서 민철이만큼은 안 자는데 내가 더 잘한다. 역시 난 천잰가보다.


## 우울해서

성적이 떨어져서 엄마한테 혼났다. 혼나고 나니 기분이 급 우울해지고 내 미래가 암울하다. 암울하다는 생각 말고는 아무것도 할 수가 없다. 그리고 이런 기분으로 아무것도 하고 싶지 않다. 하루 종일 이불 뒤집어쓰고 잠이나 자고 싶은데……. 도저히 수업을 들을 기분이 아니다. 이런 내 기분을 샘이 이해해주실 거야. 우울해서 오늘도 잔다.

내 짝인 민지는 쉬는 시간이 되자 엎드려 잔다. 어휴, 그래도 내가 애보다는 나은 것 같다. 민지는 왕따다. 나도 애랑 짝을 하고 싶은 생각은 1도 없었는데 담임샘이 뽑기를 해서 앉게 되었다. 자리 배치를 한 지 한 달이 지나가지만 민지와는 한마디도 하지 않았다. 내가 왕따랑 말을 할 수는 없지 않은가? 엄마도 짜증나고, 샘도 짜증나고, 짝도 맘에 안 들어 짜증난다. 에라 모르겠다. 또 잠이나 자야겠다.

## 의미가 없어 보여서

도대체 수학은 왜 하는 건지 모르겠다. 내가 지금 원의 넓이를 구하는 걸 배운다고 나중에 내 인생에 무슨 도움이 될지 모르겠다. 암만 생각해도 절대 도움될 것 같지가 않다. 원의 넓이를 구할 줄 아는 게 무슨 도움이 된다는 건지? 학교에서 배우는 거는 전부 나중에 하나도 쓸모가 없을 것 같다. 국어를 배우지 않아도 한국말은 잘하는데 국어는 왜 배워야 하나. 영어 수업 열심히 듣고 영어 시험 100점 받아도 외국인 만나면 한마디도 못 하는 영어 수업은 쓸모가 없다. 영어를 잘하려면 학원에 가는 게 훨씬 낫다. 땅이 어떻게 만들어졌는지 아는 게 무슨 도움이 될까. 학교에서 진짜 필요한 걸 가르쳐주면 좋겠다. 그러면 아이들도 더 열심히 배울 텐데. 나는 대학도 안 갈 건데 왜 이런 걸 배워야 하는지 알 수가 없다. 엄마가 학교는 꼭 졸업하라고 해서 어쩔 수 없이 나와 있지만, 재미도 없고 쓸데도 없는 소리를 하는 걸 듣고 있으면 잠만 온다. 에라이 잠이나 자야겠다.

• • •

우리가 학교에서 자는 이유도 참 다양하지? 더 재미있는 건 잠자는 아이들에게도 유형이 있다는 거야. 먼저 수업 시간에는 자다가 쉬는 시간만 되면 눈을 번쩍 뜨는 아이들이 있어. 공부에 관심이 없는 아이들이 그렇지. 사실 이런 아이들은 무기력하지는 않아. 수업 시간에만 떠들거나 자고 쉬는 시간, 점심시간에는 오히려 아주 활발한 경우가 많지. 아마도 학교에서 자는 아이들 중 가장 많은 유형일걸?

두 번째는 수업 시간에도, 쉬는 시간에도 쭉 자는 유형이야. 보통 이런 아이들은 밤에 뭔가를 열심히 하는 경우가 많아. 뭐 컴퓨터 게임 같은 거 말이야. 밤에 나름대로 취미 생활을 열~심히 해서 도저히 낮에 깨어 있을 수 없는 것이지.

그리고 세 번째로는 수업 시간에는 깨어 있는데 쉬는 시간에 자는 경우가 있어. 열심히 공부하는 학구파지. 하지만 말이야, 학구파가 아닌데도 이런 친구들이 있어. 쉬는 시간은 뭐하는 시간이지? 그래, 말 그대로 쉬는 것이지. 뭐하면서? 대부분 친구와 놀면서 쉬지. 그런데 쉬는 시간에 엎드려 자는 아이들은 친구와의 관계에 문제가 있는 경우가 많아. 사실 이런 유형이 가장 위험해 보이지.

왜 영화 속에서 우주여행을 하며 목적지까지 가는데 수십 년이 걸리는 상황이 나오잖아. 그럴 때 보통 수면 상태로 간다고 해. 시간을 빨리 보내버리고 싶은 사람에게 잠은 최고의 선택이야. 눈 뜨고 멀뚱멀뚱 친구 없이 지내는 것보다는 자는 게 뭐라도 하는 것처럼 보이잖아. 혹시 키득키득 웃고 있는 건 아니니? 그런데 우리 마냥 웃고 있을 때가 아니란다.

# 잠자는 아이를 깨워라!

2015년 봄, 강원도 모 호텔.

대한민국 교육부에서 수많은 교수, 연구원들을 소집했어. 호텔의 대형 회의실에는 백 명도 넘는 사람이 앉아 있어. 이들은 대한민국 교육과정을 새로 만들기 위해서 모였어. 초등, 중등, 고등학생들에게 무엇을, 얼마만큼, 어떻게 가르칠 것인가? 앞으로 수 년간 이어질 대한민국 전체 교육의 설계도를 그리는 작업이라고나 할까.

단상 위에는 한 교육 연구원이 카리스마 넘치는 목소리로 발표를 하고 있었어.

"이미 세계 여러 나라의 교육과정은…… 역량 중심 기반의

교육으로 바뀌었으며…… 학문적 기초
와 소양의 균형을 갖추어야 하고, 교육 목
표와 내용, 평가의 일관성 있는 교육과정
을…… 산업 사회가 필요한 직무 능력
을…… 가르쳐야 한다."

앉아 있는 교수들도 활발한 질문과 토론
을 벌이고 있어. 그런데 교수나 연구원들은
품위 있고 어려운 말을 쓰잖아. 분명히 한글인데 뭔 소린지 모르
겠지. 알아듣기 쉽게 번역해볼게.

"애들 학교에서 잔다. 알지? 애들 자. 그것도 엄~~~청. 어
쩔래? 어? 어? 어? 어? 어? 어쩔 거냐고?"

그때 한 대학교수가 손을 들고 질문해.

"공부는 원래 재미있는 것 아닌가요?"

발표자는 썩은 미소를 날리며 말하지.

"응, 아니야. 너만 그래."

그렇게 1년 동안 대한민국의 많은 교육 전문가들이 모여서 회
의를 했어. 아니, 우리가 잠 좀 자는 게 뭐 어때서 이렇게 국가에
서 회의까지 하냔 말이지. 이게 국가까지 나설 일이냐고!

· · ·

　그런데 잠자는 우리를 지켜보는 학교 샘들의 이야기를 들어
보면 왜 국가가 나설 수밖에 없었는지 완전 공감할 거야.

　김 샘은 교사가 된 지 3년째야. 김 샘은 중고등학교 때도 교직
을 꿈꾸셨지. 대학 때도 교생실습이나 교육 봉사를 하며 교직의
꿈을 키웠대. 교사가 되기 위한 시험인 임용고사라는 시험에 합
격하기 위해 열심히 공부도 했어. 그런데 지금 김 샘은 슬럼프가
왔어. 이렇게 열심히 공부했는데…… 이렇게 열심히 준비했는
데…… 너희를 만나기 위해, 너희를 가르치기 위해 그렇게 준비
했는데…… 너흰 자니?

　김 샘은 자는 아이들을 깨워보기도 했어. 때로는 무섭게, 때로
는 자상하게, 상도 주고, 먹을 것도 주고, 칭찬도 해봤지만 별 소
용이 없었어. 한번은 활동 중심의 수업이 좋다고 하기에 유행하
던 거꾸로 수업이란 걸 해봤어. 거꾸로 수업은 학교에서 배우고
집에서 숙제하는 것을 거꾸로 하는 거야. 집에서 배우고, 학교에
서 활동하는 거지. 집에서는 뭘로 배우냐면 교사가 동영상 수업
을 녹화해주고 인터넷으로 배우는 거야. 김 샘은 열심히 동영상
을 제작해서 아이들에게 알려주고, 학교에서는 다양한 활동을

할 수 있도록 준비했어. 그랬더니 정말로 자는 아이들이 줄어들었어. 거꾸로 활동 중심이기 때문에 학교에서 자는 아이들이 활동을 하다 보면 잘 수가 없게 되었어. 그렇게 자는 아이들이 줄어든 것을 즐거워하던 어느 날 두 명의 아이가 찾아왔어.

"선생님…… 수업이요…… 똑바로 하시면 안 돼요?"

엥, 그야말로 충격이었지. 자는 아이들을 깨우는 데는 성공했지만 원래 안 자고 공부하던 아이들에게는 손해였던 거야. 원래 공부하던 아이들은 자던 애들은 그냥 자고 선생님이 설명해주던 수업이 이해하기 쉬웠나봐.

김 샘은 동영상을 만들고 활동을 준비하던 그 많은 노력이 물거품처럼 사라지는 느낌을 받았어. 그동안 뭘 했지? 한없는 무력감을 느끼며, 내가 이러려고 교사가 되었나 후회스러웠어.


박 샘은 물리 교사야. 그리고 대부분의 물리 교사처럼 '제물포'라고 불려. '쟤 때문에 물리 포기했어.' 그 약자가 제물포야. 박 샘은 물리가 어렵다는 것을 잘 알고 있어. 수학 문제를 푸는 것도 어려운데 물리는 자연현상을 수학으로 풀어야 하니 학생들이 어려워하는 것도 당연하다고 생각했어. 그렇지만 그렇게 어렵다는 것을 인정한다 해도 아이들이 자기 수업 시간에 계속 자

는 것을 내버려둘 수는 없었지. 박 샘은 고민했어.

'어떻게 수업해야 아이들이 잠을 안 잘까?'

박 샘네 학교는 남자 고등학교고 박 샘도 남자야. 그래서 가끔씩 수업 시간에 야한 이야기를 하면 아이들이 눈을 초롱초롱하게 빛내곤 했어. 그래서 박 샘은 야한 이야기를 섞어서 수업을 했어.

그런데 어느 날 인터넷에 이런 기사가 떴어.

"교사가 수업 시간에 야한 이야기를 해."

수업 시간에 교사가 자꾸 야한 이야기를 해서 불편하다는 내용이었지. 그 수업도 남학생들에 남자 교사였어. 그런데 남학생들 중에서도 야한 이야기를 웃고 넘기는 아이들이 있는가 하면, 불편해하는 아이들도 있다는 거야. 그래서 불편해하는 학생이 신고를 한 거지. 박 샘은 자신의 수업에도 불편해하는 아이들이 있을 것이라는 사실을 깨달았어.

· · ·

수업을 들어야 할 학생들은 자고 있고, 선생님들은 어찌할 바를 모르고. 그러니 교실에서 잠자는 아이들을 깨우는 게 국가적인 일이 되어버린 거야. 어쨌든 국가에서 회의한 결과가 공부 내용을 줄이자는 거였대. 그리고 줄어든 시간에 다양한 활동을 할 수 있게 하자고 했지. 교육과정이 바뀌면 교과서가 바뀌어. 교과서가 바뀌면 수업이 바뀌고 시험문제가 바뀌지.

뭐 대안 학교나 아주 특수한 학교는 되어야 교육과정을 벗어나 마음대로 가르칠 거야. 일반적인 학교들은 다 설계도를 지키고 있어. 시험에 나오지도 않는 것을 가르친다고? 그런 수업은 학생들도 싫어하지. 아무튼 그렇게 내용은 줄고 활동이 늘어난 교육과정은 2020년까지 적용이 완료돼. 뭐 그러면 자는 아이들이 조금 줄어들려나? 기대해보자고.

# 시간을 죽이는 다양한 방법들

2018년도에 한강 둔치에서 재미있는 대회가 열렸어. 멍 때리기 대회. '멍 때린다'는 말 알지? 잠을 자는 건 아닌데 아무것도 하지 않는 상태로 그냥 가만히 있는 거야. 멍하게 있는 걸 '멍 때린다'로 표현하는데, 얼마나 멍 때리는 사람이 많아졌는지 아예 대회가 생겼대. 멍 때리는 거랑 자는 거랑은 다르니까, 심사위원들은 참가자들이 눈을 감고 자는지 안 자는지 계속 확인을 했대. 이 대회 우승자가 유명한 가수라서 더 관심을 끌었어. 대회가 열리고 나서 다른 데서도 비슷한 대회가 많이 생기고, 멍 때리기가 창의력에 좋고 어쩌고 이런 기사도 나오더라고.

그런데 학교에도 멍 때리기 하는 애들이 참 많은 것 같아. 자는 건 아닌데 아무것도 안 하는 거야. 완전 신기해. 나 같으면 그렇게 하루 종일 가만히 있으면 잘 것 같은데 잠이 안 온대. 그렇다고 다른 하고 싶은 것도 없어서 그냥 가만히 있는대. 가만히 있는 친구들은 수업을 방해하는 것도 아니고 자는 것도 아니니까 선생님이 잔소리하시지도 않거든. 그래서 아침에 와서 수업시간 내내 멍 때리기를 하다가 집에 가는 거야. 그 친구에게는 정말 멍 때리기 대회에 나가라고 추천해주고 싶어. 일단 대회에 나가기만 하면 1등 할 수 있을 것 같아.

· · ·

한 가지 일에 집중하면서 하루 종일 시간을 죽이는 아이들도 있어. 시간을 죽인다고 하니까 왠지 표현이 무서운데, 도대체 무슨 생각을 하는지도 모르겠고, 쓸모도 없어 보이는 일에 초집중하는 것도 무기력의 증상이라고 볼 수 있어.

'시간 순삭'이라는 말 들어봤지? 순삭은 '순간 삭제'의 줄임말인데 시간이 너무 순식간에 지나갈 만큼 재미있다는 뜻으로 쓰는 말이래. 자는 게 제일 좋은 시간 순삭 방법이야. 그런데 자는 것도 지쳐서 다른 일에 집중하며 시간 순삭을 하는 경우도 있어.

바로 내 짝처럼. 집중하면 시간이 순삭되니까.

　수학 시간에 맨날 자던 짝이 오늘따라 안 자고 형광펜을 들고 열심히 줄을 긋고 있는 거야. 그래서 뭐하나 봤더니 수학 책 한 면을 빽빽하게 형광 주황색으로 빈틈없이 색칠하고 있었어. 종이가 형광펜 잉크에 젖어서 축축해지고 우글우글해질 때까지.

그런데 형광펜으로 수학책 한 면을 칠하는 데 얼마나 집중을 하고 있는지, 나도 모르게 입도 벌리고 멍하게 계속 보고 있었어. 한 페이지를 다 색칠하고 나서는 종이가 축축하니까 펴서 말리더라. 그런데 수학 선생님이 오셔서 "뭐하니?" 하고 물어보시는 거야. 그랬더니 짝꿍이 빵긋 웃으면서 "예쁘죠, 선생님?" 하고

자랑스럽게 선생님한테 책을 보여줬어. 수학 샘이 "그래, 예쁘다. 자는 것보다 낫네." 하시면서 허허 웃으셨어. 수학 샘 표정이 좀 어이없어 보였던 것 같기도 하고…….

. . .

우리 반의 한 아이는 체육복 리폼 달인이야. 네임 펜만 있으면 체육복을 비싼 유명 브랜드 트레이닝복으로 리폼해줘. 그 애 덕분에 우리 반에 모든 종류의 브랜드 트레이닝복이 다 있어. 운동복 브랜드뿐만 아니라 요청만 하면 다 그려줘. 체육복이 촌스러워서 마음에 안 들었는데 브랜드 로고를 그려서 체육복을 리폼하고 나니까 왠지 체육복 입을 때마다 재밌어. 이 아이가 유명해져서 이제 다른 반 아이들도 와서 체육복을 리폼해 달라고 맡길 정도야.

이 친구가 체육복에 그림을 그리고 있을 때 보면 완전 예술가 같아. 먼저 밑그림을 그리고 외곽선을 그린 다음에 삐져 나가지 않도록 정성스럽게 채워주는 거야. 체육복 리폼할 때만큼은 현실이 아닌 완전 딴 세상에 있는 아이 같아. 근데 이건 좀 쓸모 있는 짓인가?

• • •

수업 시간만 되면 교실에 있기 싫어하는 아이도 있어. 쉬는 시간에 교실에서 친구들이랑 놀다가도 수업 종이 치고 선생님이 들어오시면 화장실 간다고 나가. 선생님들도 처음 몇 번은 갔다 오라고 하시다가 계속 그러니까 쉬는 시간에 뭐하고 수업 종이 치고 나서 화장실 가냐고 화도 내셨어. 그래도 그 아이는 수업 종만 치면 어김없이 얘기하지.

"화장실 좀요! 진짜 급해요! 이번만요! 설사 나와요! 저 장염 걸렸어요!"

매번 그러면서 선생님께서 가지 말라고 하셔도 화장실로 도망가버려. 어떤 날은 보건실이야. "배가 아파요." "머리가 아파요." 변명도 다양해. 그런데 쉬는 시간에 보면 하나도 안 아픈 아이야.

이 아이처럼 그 장소를 피하고 싶은 것도 무기력의 증상이라고 볼 수도 있어. 그 장소, 그 시간에서 도망치고 싶은 거야. 잠자는 것은 물론 흔히 산만하다, 딴짓한다고 하는 다양한 행동들이 전부 무기력의 일종일 수도 있어. 그렇다면 잠자는 친구들뿐만 아니라 우리 교실, 너무 많은 무기력이 있는 거 아냐?

# 도미노 같은
# 무기력의 전염성

날이 좋아서, 날이 좋지 않아서, 날이 적당해서 모든 날이 엿같았다.

무슨 얘기냐고? 올해 우리 반 이야기야. 시작부터 안 좋았어. 학기 초 수업 들어오시는 선생님마다 우리 반 수업 분위기가 학년에서 제일 안 좋다는 거야. 떠드는 건 둘째 치고 몇몇은 샘들한테 불손하게 대들기까지 했거든. 한번은 수학 선생님이 어떤 아이한테 욕을 듣고 울면서 나간 적도 있어.

점심시간에도 풀리지 않는 미스터리가 있어. 바로 요구르트 같은 한 사람에 하나씩 받는 디저트가 없어진다는 것. 분명 인원 수에 맞게 올라오는데 마지막에 가면 못 받는 아이가 꼭 생겨. 도대체 누가 어떻게 가져가는 것일까? 급식 판도 아무렇게나 던져 놔 급식 차는 매일 같이 엉망, 수저도 자주 없어져. 어휴, 남의 자리에서 밥 먹고 흘린 것을 닦지 않아서 5교시쯤엔 여기저기서 싸움이 벌어져. "그만 좀 해!" 소리치고 싶은 마음이 간절해지지.

체육대회는 또 어땠는데? 말 그대로 악몽! 반 티 정할 때부터 험한 말이 오고가더니, 예선전에서는 욕설까지 난무했지. 남자 아이들이 여학생들 피구 경기를 보며 응원은커녕 비난과 '돼지 같은 ×' 등 심한 욕설을 퍼부어 급기야 선수들이 울며불며 한바탕 난리가 나고 말았어.

체육대회 당일에는 그 누구도, 그 어떤 경기에도 최선을 다하는 모습은 보이지 않았어. 열심히 해도 바보되는 분위기였고, 그런 반을 위해 응원할 마음은 더더욱 없었고. 실수라도 했다가

어디에서 어떤 비난이 쏟
아질지 모르는 분위기에
서 기량을 발휘할 수 없는 건
당연하잖아. 결국 예상대로 우

리 반은 꼴등!

. . .

무엇을 어떻게 해도 바뀔 것 같지 않다고 생각할 때 사람들은 희망을 잃는다고 해. 어떤 노력도 하고 싶지 않고 무기력해지지. 우리 반에서 나도 그래. 우리 반은 뭘 해도 안 되는 반! 도무지 뭘 어떻게 해보고 싶은 마음조차 들지 않아. 그야말로 무기력.

한 명이 무기력하면 옆 사람도 무기력해져. 무기력은 전염성이 아주 강하거든. 새롭게 거듭나려고 누구도 노력하지 않고 다같이 절망에 빠져 있는 상태를 '집단 무기력'이라고 해. 이 '뭘 해도 안 되는 반'처럼!

하지만 누가 봐도 희망을 갖기 어려운 상황이라고 해도, 희망을 찾는 사람들이 있어. 어둠 속에서 가느다란 빛을 발견하고, 그 빛을 따라 촛불을 들고 횃불을 밝힌 사람들이지. 그런 사람들이 있었기에 우리 역사는 이만큼 발전해왔는지도 몰라.

일제강점기를 살았던 사람들도 우리가 독립할 거라는 생각은 꿈에도 하지 못했을 거야. 그런 기약 없는 기다림은 사람을 절망에 이르게 해. 그래서 독립에 대한 열망을 포기한 사람도 많아.

하지만 모두가 절망하는 상황 속에서도 우리의 독립을 위해 싸운 사람들이 있었어. '계란으로 바위 치기'라며 "네가 그런다고 세상이 바뀌냐?"는 비난 속에서도 묵묵히 싸우고 기다린 분들이지. 자신의 전 재산을 바치고, 심지어는 목숨마저도 아까워하지 않으면서 독립운동을 하신 분들이야. 그런 분들이 있었기에 절망이 희망으로, 어둠이 빛으로 바뀌어갈 수 있었겠지? 우리 역사를 되짚어보면 그렇게 어둠 속에서 빛을 일구어가는 분들이 참 많았단다. 민주화를 위해 싸웠던 수많은 분들, 가깝게는 2017년 촛불 혁명 때도 그랬고.

자, 그렇다면 우리도 "이번 반은 망했어요." "이번 생은 망했어요." 하면서 살 수만은 없지 않겠어? 뭐라도 해보자고.

• • •

뭘 해도 안 되는 반! 하루는 이 반에도 조금 신기한 일이 일어났어. 2교시 사회 시간, 내일이 축제라서 막바지 연습을 하고 있었지. 오늘도 이 반은 여전히 난장판이었어. 남녀로 나뉘어 2교시가 끝날 때쯤엔 지휘자가 안 하겠다고 하고 남녀 간의 싸움은 극에 달했어.

'역시 우리 반은 안 되는구나.' 이렇게 생각하고 포기하려는데 사회 선생님께서 여자아이들 몇 명을 살짝 부르셨지. 그리고 비밀 얘기처럼 조용한 목소리로 문제를 해결할 수 있는 비법을 알려주신다고 하셨어. 선생님 말투가 조금은 웃겼지 뭐야.

"얘들아, 샘이 여러 해 동안 중딩들을 봐왔는데, 이렇게 반이 다 같이 하는 행사를 하다 보면, 어느 해나 어느 반이다 다 싸우더라고. 그래도 우리 반은 싸움만 하다가 끝나면 안 되겠지? 반장 혼자 진행하기가 힘들어 보이는데 너희가 좀 도와주면 어떨까? 근데 중요한 건 저 장난꾸러기들이랑 절대 싸우면 안 돼."

"그럼 그냥 무조건 우쭈쭈 잘한다고 해줄까요?"

"그렇지, 바로 그거야. 역시!"

"아, 오늘이 마지막 연습이니까 오늘 하루만 어떻게든 꾹 참아볼게요."

"그래, 우리 한번 해보자! 앞에서 몇 명이 진행하고, 몇 명은 뒤에 남자애들 좀 챙겨줘."

"야, 그럼 지혜가 종민이랑 현우 맡아. 걔네가 지혜 좋아하잖아. 크크크."

"그럼 제가 그 애들 맡아볼게요."

그러곤 선생님 말씀대로 이 반 아이들은 화내지 않고 웃으면서 연습했어. 그랬더니 신기하게도 정말 우리 반 아이들이 조금씩 달라지기 시작했어. 남자아이들이 '쟤들 약 먹은 거 아니야?' 하는 표정으로 조금 의아해하고 당황하는 것 같긴 했지만. 어쨌든 그 이후로 공연 때까지 싸우진 않았고, 그럭저럭 공연을 잘 마쳤어. 반년 만에 처음 보는 감동적인 장면이었지.

'우리 반이 뭔가를 해낼 수가 있기도 하네. 아직도 얼떨떨하다. 물론 약발이 얼마나 갈지는 모르겠다. 그래도 조금은 기분이 좋은 것 같다.'

우리 반 아이들이 느끼는 기분이었어. 어때? 조금은 희망이 보여? 그냥 포기하려다 그래도 한번 해보자 해서 해봤는데 진짜 되는 거야.

2장

나도 무기력일까?

나의 무기력 단계는?

기계의 부품처럼, 로봇처럼

매일같이 반복되는 이놈의 공부, 공부

질병이냐, 상처냐?

무서운 그 이름, 중독

죽음에 이르는 병

# 나의 무기력
# 단계는?

어느 배우가 '어제도 잘생겼고 내일도 잘생길 예정'이래. 풉.
잘생긴 거 인정! 근데 내 짝꿍, 수업 시간에 어제도 자고 오늘도
자고 내일도 잘 예정일걸?

교실에서 짝꿍에게 "너 무기력한 거 인정?" 하고 물으니 게슴
츠레한 눈을 채 뜨지도 않으며 "그게 무슨 소리야?" 한다.

"의욕이 없다, 꿈이 없다, 다 포기했다." 이쯤 말하면 될까?

"나는 말이야. 너의 그 반쯤 뜨다 만 초점 없는 눈동자, 그리
고 노트를 흥건히 적시고 있는 너의 입에서 나온 저! 아밀레이스
덩어리를 보면 이런 말이 떠오르거든. 무. 기. 력. 어때? 인정?"

그러자 짝꿍은 후르릅 소리와 함께 입을 한번 문지르고 젖은

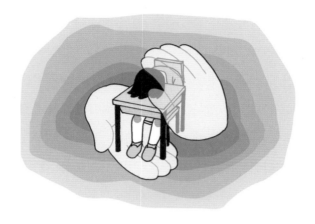

노트를 살짝 밀어 공간을 만든 후 다시 엎드리며 말했다.

"어, 인정."

무기력을 색깔로 표현하면 회색일 거야. 온통 스산한 회색.

. . .

너희는 사랑의 유효기간이 얼마라고 생각하니? 사랑에 무슨 유효기간이 있냐고? 영원한 게 사랑 아니냐고? 그러면 좋지만 '사랑은 움직이는 것'이라고 하잖아. 이성 친구를 처음 만나기 시작했을 때는 만나러 나가는 길에도 막 설레잖아. 만나는 순간에는 서로의 눈에서 하트가 무한대로 뿅뿅 발사되고 말이야.

그런데 그런 남녀가 오랫동안 연애하다 결혼하고 수십 년을 함께 살면 어떨까? 당연히 처음 만날 때 그 설렘은 온데간데없이 아무 감정 없이 일상을 살게 된대. 이 상태를 흔히들 '권태기'라고 하지. 권태란 일상이 시들해져서 무기력하거나 싫증 난 상태, 따분하고 아무 의욕이 느껴지지 않는 상태를 말해.

하이데거라는 유명한 철학자가 있어. 이분은 권태라는 감정에 대해 연구했어. 권태를 그 수준에 따라 지루해함(인간이 감정에 적극적으로 대처하는 단계), 지루해짐(인간이 감정에 수동적으로 대처하는 단계), 지루함(인간이 감정의 노예가 된 단계)으로 나누었어. 감정은 간단하게 분류하면 이렇게 세 가지 상태로 나눌 수 있을 것 같아. 불안에 대해서라면 불안해함, 불안해짐, 불안함, 이런 식으로. 우리는 지금 무기력에 대한 이야기를 하는 중이니 무기력과 비슷한 증상만 적용해볼게.

• • •

나의 무기력은 어느 단계일까? 일단 무기력과 비슷한 증상을 모아서 수준에 따라 나눠보기로 했어.

|        | A        | B        | C      |
|--------|----------|----------|--------|
| 1.     | 심심해함  | 심심해짐  | 심심함  |
| 2.     | 귀찮아함  | 귀찮아짐  | 귀찮음  |
| 3.     | 지겨워함  | 지겨워짐  | 지겨움  |
| 4.     | 무기력해함 | 무기력해짐 | 무기력함 |

1~3은 비슷한 수준이야. 가벼운 지루함이라고 볼 수 있어. 특히 우리에게 자주 찾아오는 건 '귀차니즘'이지? 너무 많은 스트레스와 일 때문에 만사가 귀찮아지는 경우를 귀차니즘이라고 해. 귀차니즘은 너무 바쁜 세상에 자신을 지키기 위한 최소한의 방어 수단일 수도 있어. 아니면 소극적 반항일까? 그러다 무기력 단계로 순식간에 넘어갈지도 몰라. 하지만 마리아이가 말하고 싶은 것은 사실 A-B-C단계야.

• • •

A단계는 그래도 감정에 대해 우리가 적극적인 자세를 취하고 있어. 주어가 '나'란 소리야. 내가 심심해하고, 귀찮아하고, 지겨워하고, 무기력해하는 거니까. 언제든지 나의 의지로 다른 감정

을 선택할 수 있지.

한 아이가 책상에 앉아 한 팔로 턱을 괴고 얼굴을 찌푸리고 있어. 다른 팔의 손가락으로 책상을 규칙적으로 두드리며 "아, 심심하다"를 연발해. 곧 옆자리 친구 옆구리를 쿡 치며 "야, PC방 갈까?" 하고 말해. 이 친구의 대답은 "콜!"

이렇게 A단계는 심심함, 지루함, 무기력함을 느끼지만 본인 스스로 그것을 자각하고 또 쉽게 극복할 수 있는 단계야.

학교에서 덩치 큰 아이에게 한 대 맞았어. 부들부들 화가 나지. 하지만 상대 아이와 체격 차이가 많이 나서 어떻게 해야 할지 모르겠어. 무력감을 느끼지. 화나고, 짜증나고, 뭔가 나도 때리고 싶지만 어쩔 수 없는 이 감정. 무기력함을 느껴. 무기력을 느끼지만 한편으로는 이를 극복하고자 하는 의지가 있지. 선생님께 이르든, 권투를 배워 본인의 주먹으로 해결하든 무기력함을 느끼지만 동시에 이를 해결할 마음도 있지.

그런데 B단계부터 인간이 수동적인 상태가 되는 거야. 속수무책으로 심심해지고, 귀찮아지고, 지겨워지고, 무기력해지면서 시간을 의식하게 돼.

엄마가 하지 말래. 뭘? 공부 말고 다 하지 말
래. 그래서 책상 앞에 앉았어. 책을 펴고 멍하
니 있어. 할 일이 없어서 졸려. 심심
해짐 단계야. 학교에 갔어. 뭐라고
하는지 하나도 못 알아듣겠어. 한
참을 버텨도 시간이 잘 안 가. 지루
해. 아니 지루해졌어.

덩치 큰 아이의 빵 심부름을 한 지도 벌써
두 달이 넘어가. 이제는 "야!"라고만 해도 날 부르는 것을 알아
듣고 빵 심부름을 해. 그런데 돈도 주지 않아. 그렇게 무기력해
졌어. 아니 길들여졌어. 그리고 그런 자기 자신을 마치 남처럼
바라보게 돼.

· · ·

C단계는 내가 감정을 느끼는 것이 아니고, 다른 사람이 나에
게 감정을 느끼게 하는 것도 아니야. 감정 그 자체가 주인공이
지. 주인공이 되어야 할 내가 감정의 노예가 된 것만 같아. 무기
력이라는 감정이 스스로 통제할 수 없는 어떤 것이 되는 거지.

무협지에서는 이런 상태를 '신검합일의 상태'라고 해. 무림 고수의 경우 몸과 칼이 하나가 되었다는 뜻이야. 칼을 쓰는 최고 수준이며 내가 칼이고 칼이 곧 나인 상태이지.

'입속의 혀처럼 군다'는 표현이 있잖아. 말을 할 때, 음식을 씹을 때 생각하고 혀를 움직이는 게 아니듯 자동적으로, 그렇지만 아주 능숙하게 움직이지. 신검합일이란 입속의 혀를 쓰듯 칼을 쓴다는 말이지. 비슷한 말로는 '방바닥이 나이고 내가 곧 방바닥'이라는 어느 폐인의 인터넷 댓글이 있어.
하도 오랫동안 누워 있어서 방바닥의 장판과 내가 하나로 합쳐지는 물아일체의 감정을 느끼는 것이지. 그래. 내가 무기력이고 무기력이 곧 나인 상태야.

이쯤 되면 무기력이 거의 신념 수준이 되어버려. 이 단계가 되면 무기력에 매몰되어 자기만의 세계에서 살게 돼. 이때는 다른 사람이 아무리 뭐라고 해도 들리지도 않지.

이제 질문할 시간이야. 나의 무기력은 어디쯤을 왔다갔다 하고 있을까? 무기력해? 무기력해짐? 무기력함?

# 기계의 부품처럼,
# 로봇처럼

지금부터 수행평가 시간에 한 친구가 발표한 시를 들려줄 거 야. 보고 어떤 느낌인지 한번 생각해봐.


오늘 아침 힘겹게 일어나 준비한다

내일도 아침부터 일어나 준비한다

로봇처럼 기계처럼 똑같은 하루를 반복한다


어른되면 달라질까 재밌을까 새로울까

철없는 지금의 내 모습이 어때 보일까

상상으로만 펼쳐볼 수 있는 멀고 먼 어른들의 세계

어른들은 즐기라고 지금이 제일 좋을 때라고

아직 이해 못할 멀고 먼 어른들의 세계

로봇 같은 하루는 어른이 되어도 똑같나 봐

_이연우, 〈난 상상만 가득한 로봇〉

어때? 공감이 가니? 이 시를 들으면서 반복되는 일상에 대한 지루함을 느꼈어. 친구는 탈출구로 어른이 된 미래를 상상해보곤 했나 봐. 근데 상상의 결과가 어때? '로봇 같은 하루는 어른이 되어도 똑같을' 거라는 걸 일찍 깨달아버렸어. 왠지 슬퍼. 힝~

어른이 되어도 달라지는 게 없다니 더, 더, 더 지루해져. 기다림이 없으니까. 그렇게 보면 지루함은 기다림이 없거나 기다림을 잊어버린 상태가 아닐까? 사랑에 빠진 사람들은 연인을 기다리는 시간조차 소중하다고 하잖아. 그래서 '기다리는 행복'이라는 말도 있고. 미래에 대한 특별한 기대나 희망을 가질 수 없기에 삶이 지루하고 무기력해지는 것은 아닐까?

'로봇'이라는 말은 스스로의 의지로 움직이기보다는, 누군가 입력한 대로 하기 싫은 일을 억지로 하는 일상을 사는 걸 표현한 거야. 반대로 흥미진진하고 열정을 쏟을 수 있는 일도 없다는 뜻이지. 이렇게 일상 속에서 인간다운 자주성과 창조성을 발휘할 수 없을 때 우리는 무기력의 늪에 빠지고 말아.

・・・

연우의 시는 우울하게도 현실이야. 힘겹게 시험을 통과하고
직장 생활을 시작했건만 행복하지 않은 사람들이 많거든. 우리
삼촌은 회사에 들어간 지 겨우 1년쯤 되었는데 당장이라도 그만
두고 싶대. 출근 후 언제부터인지 거의 매일 상사에게 욕을 먹고
있는데 그게 너무 괴롭다는 거야. 그렇게 똑똑하고 부지런한 우
리 삼촌이 왜 욕을 먹을까? 삼촌 얘기로는 이래.

삼촌의 상사가 '이건 이렇게 하고 저건 저렇게 하라'고 일을
알려준대. 그런데 삼촌은 처음이니까 다 이해하지 못하고 익숙
하지 않아서 실수를 할 수 있잖아. 그러면 또 그 상사가 "나는 분
명히 너한테 말해줬는데 이걸 왜 못하냐." 하고 야단을 친대. 그
일에 집중하려 열심히 하고 있으면 이거 갖고 와라, 저거 찾아와
라, 자꾸 다른 일을 시킨다는 거야. 그러다 보니 집중이 안 되고
실수가 반복되면, "몇 번을 말해야 알아듣냐?"며 버럭 소리를
지른대.

그래서 삼촌은 점점 의욕이 떨어지고 너무나 우울하대. 즐거

울 때가 거의 없고 모든 일을 기계처럼 영혼 없이 반복할 뿐이라
고. 무기력의 늪에서 허우적거리고 있는 거지.

더 슬픈 건 쉽게 그만둘 수도 없다는 거야. 삼촌은 이 회사에
들어가기까지 스무 번이나 면접에서 떨어졌어. 대학을 졸업하고
도 3년이나 걸려 간신히 들어온 직장인걸. 이제 여기를 나가면
어떻게 직장을 구해야 되나 암담하기만 한 우리 삼촌, 어쩌지?

• • •

혹시 〈모던 타임즈〉라는 옛날 영화 본 적 있어? 아주 오래된
영화라서 흑백이고 소리도 없는 무성영화야. 그 영화에 나오는
공장에서 일하는 사람들은 마치 기계의 부품처럼 보여. 같은 일
을 기계처럼 반복하고 있는데, 꼭 그 사람이 아니라 다른 사람
이 그 일을 해도 상관없으니까 사람도 기계의 부품처럼 갈아 끼
울 수 있는 거지. 〈찰리와 초콜릿 공장〉에서도 비슷한 장면이 나
와. 주인공 찰리의 아버지는 치약 공장에서 치약 뚜껑을 끼우는
일을 했어. 그런데 공장 주인이 치약 뚜껑 돌리는 기계를 사면서
일자리를 잃게 돼. 찰리의 아버지가 하는 일은 기계가 할 수 있
는 일이고, 찰리의 아버지도 기계 부품처럼 갈아 치울 수 있는

거야.

어서 빨리 어른이 되고 싶은 친구들이 있을 거야. 어른이 되면 지금 엄마, 아빠가 하지 말라고 하는 거 다 할 수 있고, 밤새도록 게임도 할 수 있고, 통금 시간 넘겨서 밖에서 놀고 올 수 있고, 친구들이랑 멀리까지 놀러갈 수도 있지. 그런데 어른이 된다고 해서 하고 싶은 걸 다 할 수 있는 건 아니래.

학교는 우리가 모르는 걸 선생님께 여쭤보면 다 가르쳐주시잖아. 그래도 모르겠으면 또 물어봐도 되고. 그런데 직장에서는 일을 어떻게 해야 하는지 알려주는 사람은 없는데, 일을 잘 못한다고 혼내는 사람은 너무 많대. 알아서 눈치껏 일해야 하고, 실수하면 월급 도둑이라고 욕을 먹으면서 배워야 해.

그렇게 배운 게 의미 있는 일이면 좋겠지만, 찰리 아버지가 하던 치약 뚜껑을 돌려서 잠그는 일처럼 내가 아니더라도 누구나 할 수 있는 일이라면? 분명 의미도 없고 하기 싫은 일이 될 가능성이 높아. 그러면 학교 다닐 때 공부하는 척했던 것처럼 일하는 척하며 퇴근 시간만 기다리게 돼. 어째서 이런 무기력한 삶이 계속되는 걸까.

# 매일같이 반복되는
# 이놈의 공부, 공부

"네 꿈이 뭐니?"

"재벌 2세요. 근데 아빠가 노력을 안 해요."

이런 웃픈 이야기가 있지. 이 이야기의 진심은 아무리 해도 살아남기 전쟁에서 이길 거 같지 않은 좌절감, 그래서 금수저라면 얼마나 좋을까 하는 판타지야. 앞에서 얘기한 우리 삼촌처럼 직장인들이 직장 생활을 하면서 매일같이 무기력을 느낀다면, 우리 학생들의 일상에도 무기력은 독소처럼 퍼져 있어.

특히 공부에 대한 무기력은 어려서부터 시작돼. 꼭 고입이니, 대입이니 하는 거창한 시험이

아니어도 곳곳에서 트라우마와 맞닥뜨리게 되지. 학교에만 있는
게 아니야. 내 돈 주고 학원 다니겠다는데도 테스트를 받으라나.
테스트 끝나고 하신 원장 선생님 말씀. "실력이 안 되니 우리 학
원에서 지도하기 힘드네요." 으악~ 이때 엄마의 표정이란.

어렵게 학원에 들어가도 계속되는 레벨 업 테스트. 옆집 지우
는 상급반으로 올라갔는데 나는 못 올라간다 할 때의 상처, 엄친
아는 또 왜 그리 많은지…….

그런데 이런 경쟁은 끝이 없어. 취업하기 위한 경쟁은 학교 안
경쟁에 비할 바가 아니야. 그야말로 숨 막히는 전쟁터야.


• • •


지금 이 글을 읽고 있는 친구들 대부분은 학생이겠지?

"학생은 공부하는 사람이라는 뜻이고 너는 학생이니 공부를
열심히 해야 해!"라고 어른들은 항상 말해. 그래서 '나는 학생이
니까 공부를 열심히 해야 하는구나'와 같은 생각은 누구나 해봤
을 거야. 수업 시간에 자는 친구들도 처음부터 아무것도 하기 싫
은, 특히 그중에서도 공부하기 싫은 무기력 상태에 있었던 건 아
닐 거야.

초등학교에 갓 입학하는 1학년
아이들을 보면 여덟 살 같은 나이라도
키도 몸무게도 다 다르잖아. 마찬가지
로 두뇌의 성숙도는 사람들마다 달라. 그
렇지만 우리는 나이에 따라 같은 것을 배우
고, 잘 모르더라도 2학년이 되고, 3학년이 되어버리지. 1학년 때
잘 몰랐던 게 있다면 그 상태로 2, 3, 4학년 이렇게 자꾸 올라가.
그러다 보면 어느 순간 모르는 것은 너무 많아지고, 해봤자 소용
없다는 생각이 들고, 책을 쳐다보기만 해도 진저리가 나. 잠들어
서 어서 빨리 수업 시간이 지나고 집에 갔으면 좋겠다고 생각하
는 무기력 상태에 빠질 수 있어.

• • •

학원은 내가 잘 모르는 것을 보충하기 위해 가는 곳이라고 생
각했는데 실제로 가보면 그렇지도 않아. 학원은 학교에서 공부
할 내용을 미리 다 공부해서 학교 수업을 들으면서 복습하고, 학
교 시험에서 좋은 성적을 받기 위해 미리 선행 학습을 하는 곳이
더라고. 학교 공부를 잘 모르겠어서 학원에 갔는데 학원 공부는

더 모르겠어. 그런데 학원 선생님은 학교 선생님보다 더 무서워. 요즘에 학교에서 때리거나 벌주는 선생님은 없잖아. 그런데 학원 선생님은 숙제도 많이 내주고, 숙제를 안 해오거나 쪽지 시험 성적이 좋지 않으면 수업 시간이 끝나고 남아서 공부를 시키는 벌을 주기도 해. 아니면 혼내거나.

그것보다 더 무서운 건 엄마한테 전화하는 거야. 학원 선생님이 엄마한테 전화한 날은 최악이야. 집에 가자마자 엄마의 잔소리가 쏟아지지. 학원비가 얼마인 줄 아냐, 너 이러라고 학원 보낸 줄 아냐, 내가 너 학원 보내려고 얼마나 애를 쓴 줄 아냐 등등.

근데 사실 나는 좀 억울해. 내가 가고 싶다고 한 것도 아니고, 엄마가 가라고 해서 학원에 간 건데. 그래도 빼먹지 않고 열심히 다니려고 노력하고 있는데 엄마는 그건 하나도 몰라줘. 학교에서도 잘 모르는 걸 꾹 참고 앉아 있다가 학교 마치자마자 빠지고 싶은 마음을 꾹 누르고 학원에 가서 열심히 들어보려고 노력하지만, 하나도 모르겠는 걸 어떡해.

나도 처음부터 그랬던 건 아니야. 그런데 엄마의 같은 잔소리가 반복되다 보면 나중에는 그냥 멍하게 듣고 있게 돼. 그게 아니라고 말해봤자, 변명이라고 핑계 댄다고 엄마의 잔소리만 더 길어지니까. 그냥 엄마가 하고 싶은 말 다할 때까지 열심히 들는 척하다가 "죄송해요. 열심히 할게요"라고 말하는 게 가장 빨리 끝나는 방법이야. 학교에서도, 학원에서도 나는 멍하게 있으면서 시간을 보내는 방법을 배웠어. 아무 생각도 안 하고 가만히 있는 상태가 제일 편해.

. . .

학교를 다니는 이유가 대학교에 가기 위해서라면 대학생이 되면 더 이상 공부를 하지 않아도 되는 걸까? 아니래. 대학생 언니, 오빠, 누나, 형들의 말을 들어보면 대학교가 더 힘들대. 선생님과 엄마, 아빠의 공부하라는 잔소리가 그렇게 듣기 싫었는데 대학생이 되어서 아무도 공부를 열심히 하라는 말을 하지 않으니까 오히려 더 불안하대. 내 옆에 있는 친구는 공부를 너무 열심히 하고, 대학교마다 도서관이 서너 곳이 있는데도 빈자리 하나 없이 꽉 차서 졸지도 않고 열심히 공부하는 사람 밖에 없고. 숨이 턱턱 막힌대.

대학교를 졸업하고 취직도 못하면 어떻게 되겠어? 그 불안감은 말로 표현할 수 없대. 뭘 공부해야 할지 모르지만 남들이 하는 걸 다 따라 하다 보니 도대체 내가 여기서 무얼 하는지 모르겠고. 그러다 보면 무기력에 빠질 수밖에 없을 거야.

치약 뚜껑만 닫는 일을 하는 분이 무기력증에 걸린 것처럼 우리도 공부만 하는 동안 무기력해질 수 있어. 우리는 공부를 왜 하는 걸까? 이 질문에 답하지 못하고 초, 중, 고, 대……. 그렇게 오랫동안 지낸다면 우리는 무력감을 느끼게 될거야. 너무 오랫동안의 무기력. 일상이 되어버린 무기력이겠지.

# 질병이냐, 상처냐?

매일 밤 잠자리에 누우면 몸은 피곤해. 온몸의 에너지를 다 써버린 거 같아. 하지만 잠이 안 와. 오늘 공부를 충분히 했는지 곰곰이 따져보는데, 그때마다 답은 NO! 낮에 놀았느냐고? 아니야, 집에 오자마자 TV도 멀리하고 핸드폰도 거실에 두고 책상에 바로 앉았는걸. 시험과 수행평가 일정을 늘 달력에 표시하고 때맞춰 공부하고 있는데……. 아주 열심히 앞을 멀리 내다보며 공부하는데…….

그런데도 늘 부족하다는 생각만 들어. '이렇게 해서 내가 원하는 대학에 갈 수 있을까, 아마 안 될 거야.' 암울한 미래만 그려져. 때때로 울음이 발작처럼 밀려오고 마음에는 극도의 절망과

슬픔과 분노가 떠다니고 있어. 나는…… 왜 이런 걸까?

우리 삼촌도 처음 취업됐다는 말을 들었을 때는 눈물이 다 났다고 해. 삼촌이 꿈꾸던 일이었거든. 처음엔 정말 일하는 게 행복했지만 언젠가부터 너무 힘들어졌대. 심지어 이게 정말 내가 꿈꾸던 일인가 싶을 정도로. '나는 올바른 결정을 한 걸까?' 하는 생각이 떠나질 않았지. 삼촌은 왜 이런 걸까?

이건 '번아웃 증후군'에 걸린 사람들의 대표적인 생각들이야. 번(burn)은 태운다는 뜻이야. 번아웃(burn out)은 다 태워서 이제 없다는 뜻이지. 어떤 것에 몰두하던 사람이 자신의 에너지를 다 써버려서 극도의 신체적 · 정신적 피로감을 호소하며 무기력해지는 현상을 번아웃 증후군이라고 해.

. . .

번아웃 증후군은 어른들에게도 자주 나타나. 일을 하지 않으면 불안해하거나 죄의식을 느끼면서 끊임없이 일하는 우리 엄마, 아빠들을 종종 괴롭히는 현상이야. 이런 어른들은 성과를 올려야 한다는 생각으로 밤늦게까지 일하고 퇴근 후에도 일을 해. 이러다 보니 가족과의 대화는 당연히 줄어들고. 스트레스를 받아 과음하거나 커피를 물처럼 마시기도 하고, 단것을 입에서 놓지 않게 돼.

혼자 있는 시간도 스스로를 잘 쉬게 하지 못하고 중독되어 인터넷을 검색하거나 스마트폰으로 채팅 방을 오가며 시시껄렁한 대화를 읽으며 밤을 꼴딱 새기도 해. 그리고 빨개진 눈으로 출근해서 또 하루 종일 일, 일, 일……. 이렇게 일에 파묻혀 자신을 몰아붙이다가 어느 날 갑자기 연료가 소진되어버리면 급격히 아무런 의욕이 없는 무기력한 상태가 되고 말이야.

무력감이 느껴지면 머리로는 행동해야 한다고 생각하면서도 몸이 따라오지 않고, 만성 피로에 시달리며, 처음 일할 때 가졌던 열정이나 의욕도 사라져버려. 마음도 날카롭고 뾰족해져서 주변 사람들과 자주 부딪히게 되고, 죽어라 일하는데 결과는 별로 안 좋아.

무기력을 분류할 때 번아웃과 같은 종류의 무기력은 일시적 무기력이라고 분류할 수 있어. 어떤 특별한 원인으로 인한 일시적 현상이라서, 만약 그 원인이 제거된다면 쉽게 사라질 수 있는 그런 종류의 무기력이지.

• • •

서양 의학에서는 이 번아웃 증후군이 질병이냐 아니냐가 오랜 논란거리였어. 의사들은 말했어.

"과도한 피로, 대인 관계의 문제, 폭음, 폭식, 과도한 카페인 섭취, 불면증, 의지력 결핍……. 이러한 증상을 보이면 당연히 질병이 아닌가요?"

하지만 또 다른 사람들은 말하지.

"꿈에 그리던 직장에 들어갔어. 여긴 내가 늘 꿈꾸던 직장이야. 여기서 나의 날개를 펼쳐야지. 이렇게 부푼 마음을 품었어. 분명히 스스로 원하던 종류의 일이었어. 하지만 그 일을 하루에

12시간씩 시키고, 퇴근하려고 하면 어딜 가? 이러면서 눈치주고. 주말에도 문자로 업무 지시를 해. 그래서 힘들어. 내가 좋아하는 분야이긴 한데 힘들어. 비유를 하자면 축구를 좋아하는 사람이 있어. 축구를 쉬는 날 없이 하루에 12시간씩 시키는 것이지. 체력이 남아 나겠어? 게임을 좋아한다고? 잠을 안 재우고 게임을 시켜봐. 눈이 시뻘게지나 안 시뻘게지나. 어떻게 과도한 카페인을 안 찾을 수가 있어? 이건 질병이 아니라 직장 구조의 문제 아니야?"

다시 의사들은 말했어.

"그래요. 직장 구조가 주요 원인이긴 하지요. 그런데 가난한 나라나 난민 같은 사람들은 먹을 것이 없어서 굶어 죽는 사람들이 있어요. 아프리카에 가면 아직도 내전이 일어나고 전쟁 통에 가장 힘없는 어린아이들이 굶어 죽어가고 있지요. 그 아이들은 굶어 죽어요. 먹지 못해서 질병에 걸리죠. 바로 영양실조라고요. 영양실조의 원인이 누구에게 있던 간에 영양실조는 질병이라고요. 마찬가지예요. 번아웃 증후군도 원인이 뭐였던 간에 질병으로 간주할 증상들이 있어요. 그러므로 질병으로 대우하고 적절한 치료를 해주어야 해요."

참고로 세계 보건 기구(WHO)에서는 2019년 5월 번아웃 증후군은 '직업 관련 증상'이라고 분류했어. 뭐 공식적으로는 질병은 아닌 셈이 된 것이지.

. . .

반면 동양에서는 무슨 일이든 그 사람의 마음 깊은 곳에 근본 원인이 있다고 봐. 그래서 무기력도 '상처'라는 개념으로 접근하곤 해. 내 마음 깊은 곳에 언젠가 받았던 그 상처. 그 상처를 잘 다스리지 못해서, 마음을 위로해주지 못해서 무기력에 빠진다고 말하지.

누군가는 말해. 연인과 헤어지면 그 마음의 상처를 잊는데 그 사람과 사귄 만큼의 시간이 필요하다고. 또 누군가는 말하지. 부모가 헤어지면 아이가 그 사실을 받아들이고 적응하는 데 2~3년은 걸린다고 말이야.

연인에게, 부모에게 또는 누군가로부터 마음의 상처를 받으면 그걸 회복하는 데 시간이 필요하지. 그리고 그렇게 회복하고 있는 동안 다른 사람이 그 사람을 본다면 무기력해 보인다고 말할 수도 있을 거야.

하지만 말이야. 병원의 중환자실에 있는 사람들. 아무것도 하지 못하고 단지 기계에 의존해 생명의 끈을 잡고 있는 사람들. 그 사람들을 보고 무기력하다고 말할 사람은 없을 거야.

무기력. 아무것도 할 수 없을 만큼 아팠구나. 그럼 시간은 필요하겠지만 조금씩 스스로 혹은 함께 치유해보자. 동양식 사고방식은 이래.

질병이냐, 상처냐? 뭐가 정답인지는 알 수 없으니, 내가 좀 더 끌리는 쪽으로 받아들이면 되지 않을까?

# 무서운 그 이름,
# 중독

길 복판에는 6, 7인의 아이들이 놀고 있다. ……

10분 만이면 권태가 온다. 풀도 싱겁고 돌도 싱겁다. 그러면 그 외에 무엇이 있나?

5분 후에 그들은 비키면서 하나씩 둘씩 일어선다. 제각각 대변을 한 무데기씩 누어 놓았다. 아ー 이것도 역시 그들의 유희였다. 속수무책의 그들 최후의 창작 유희였다. 그러나 그중 한 아이가 영 일어나지를 않는다. 그는 대변이 나오지 않는다. 그럼 그는 이번 유희의 못난 낙오자임에 틀림없다. 분명히 다른 아이들 눈에 조소의 빛이 보인다.

_이상, 〈권태〉 중

아이들이 똥 누기 놀이를 하고 있대. 자기 차례에 똥이 안 나오면 지는 놀이. 크크. 더러워. 얼마나 지루하면 똥 누기 놀이를 개발했을까? 아이들은 심심하고 무기력할 때 '장난'을
쳐. 그런데 그것이 이렇게 기상천외한 거야. 똥 누기 놀이라니! 근데 그거 아니? 장난이라고는 하지만 그 바탕에는 탈출구 없는 무기력함이 숨어 있어. 이상이라는 작가가 수필 〈권태〉 속에서 아이들의 똥 누기 놀이를 묘사하고 있는 것은 우연이 아니야.

학교와 학원을 오가는 반복된 일상, 치열한 입시 경쟁 속 스트레스를 벗어나기 위해 너희는 어떤 놀이를 하니? 설마 똥 누기 놀이를 하지는 않겠지? 우리에겐 스마트폰과 컴퓨터 게임이 있으니까. 그걸 더러운 똥 누기 놀이와 비교할 수는 없다고? 과연 그럴까? 어른들이 긴 시간 일하고 생존 경쟁에 지쳐 TV와 술에 빠지는 것, 그리고 음주와 환락가 출입을 못하는 아이들이 컴퓨터 게임에 빠지는 것이 똥 누기 놀이보다 과연 더 낫다고 할 수 있을까?

무기력이 습관이 되면 가상일지라도 전능감, 효능감을 찾기 위해 게임 등에 중독되는 경우가 있어. 인터넷으로 시간 때우기에 중독되기도 하지.

• • •

그런데 중독인지 아닌지는 어떻게 구분할 수 있을까? 한 남자 초등학생이 하루에 10시간씩 게임을 하고 있어. 이 아이는 중독일까 아닐까? 게임을 10시간씩 하면 중독일까, 아니면 15시간을 하면 중독일까? 그런데 중독에서 중요한 건 시간이 아니라고 해. 아빠가 그 아이에게 물었어. "축구하러 갈래?"

일반적으로 남자 초등학생에게 아빠가 축구하러 가자고 하

면 대부분 따라나서지. 어느 중독 테스트에서 실험한 건데 아무리 게임을 많이 하던 아이들이라고 해도 아빠가 축구하자고 하면 생각보다 너무 쉽게 게임기를 끄고 축구를 하러 나갔어. 그렇다면 사실 그 아이들은 게임 중독이 아니었던 것이지. 그냥 다른 할 게 없어서 게임을 하고 있었던 거야.

하지만 중독에 빠지면 축구하러 가자고 해도 따라가지 않아. 오히려 화를 내지. 게임을 하지 않으면 불안하고 초조하기 때문에 축구 따위를 하러 나가지 않아. 나에게서 게임 시간을 뺏으려는 아빠에게 화가 나지. 어때? 심각하지.

그래 중독은 심각해. 게임 중독이 심각하다고 하듯이 무기력에 중독된 경우도 심각해.

. . .

우리에게 대표적인 중독 물질은 술, 담배, 커피 등이 있어. 이러한 물질의 특징은 뇌에 직접 영향을 준다는 거야. 술의 알코올과 담배의 니코틴은 뇌의 활동을 느슨하게 만드는 역할을 하고, 커피의 카페인은 반대로 뇌를 각성시키는 역할을 해. 뭐 마약 이런 것들도 당연히 뇌에 직접 작용하지. 뇌를 변화시키는 물질이 중독 물질인 거야.

무기력도 우리의 뇌에 영향을 줄 정도면 중독되었다고 할 수 있어. 보통 스스로의 노력으로는 멈출 수 없을 때 중독되었다고 하지. 이렇게 해야지, 저렇게 해야지, 생각하고 판단하고 명령하는 기관이 사람의 뇌야. 그런데 그 뇌에 직접 작용해버리니 우리는 중독 물질을 스스로 끊기 어려워. 그러면 알코올 중독, 흡연 중독에 빠졌을 때 우리는 어떻게 이를 끊을 수 있을까? 그래. 보통은 격리를 시켜. 술을 못 먹게 하고 끊임없이 교육을 시키지. 청소년용 금연 학교나 금연 프로그램도 많아.

술이나 담배처럼 혼자의 힘으로는 빠져나올 수 없는 무기력. 우리는 이를 중독된 무기력이라고도 해. 아주 심각한 상태의 무기력이야.

# 죽음에
# 이르는 병

얼마 전 일본에서 아주 무서운 사건이 하나 일어났어. 70대
아버지가 40대 아들을 살해한 사건이었지. 죽은 아들은 은둔형
외톨이(히키코모리)였어. 은둔형 외톨이가 뭔지 아니? 아무와도
대화하거나 소통하지 않고 방 안에만 틀어 박혀 있는 사람들 말
이야.

우리나라 영화 〈김씨 표류기〉에서도 다룬 적이 있어. 영화 속
여자 주인공이 바로 은둔형 외톨이였지. 일본에서는 은둔형 외
톨이가 점점 늘어 사회적 문제가 되었어. 그런데 젊었던 그들이
이제 세월이 흘러 40대가 되었어. 현재 일본에는 40세가 넘는 중
년 은둔형 외톨이들이 61만 명에 이른다고 해. 40이 넘도록 방

안에서 나오지 않는 아들을 바라보는 부모의 마음이 어땠을까? 가슴이 무너져 내렸겠지?

그러던 어느 날 다른 은둔형 외톨이의 범죄 소식을 접하게 된 거야. 초등학교 통학 버스를 기다리던 아이들과 부모들을 공격했던 묻지 마 살인 사건. 이 소식을 접한 아버지는 평소 공격적인 성향이 있었던 아들이 너무 걱정스러웠던 거지.

'분명 내가 먼저 죽을 텐데 내가 죽고 난 후 내 아들이 저런 범죄를 저지르면 어쩌나? 주위에 피해를 주면 안 되는데…….'

덜컥 겁이 났나 봐. 그래서 그만 자기 손으로 자신의 아들을 살해했다는 거야. 그 아버지는 일본에서 차관까지 올랐던 고위 공직자였대. 이웃들은 아버지가 정중하고 인품이 좋은 사람이었고, 아들이 있다는 말은 들었지만 평소 자녀 이야기를 거의 하지 않아 집에서 함께 지내는 줄도 몰랐다고 했대.

분명 목숨은 붙어 있지만 아무도 만나지 않고, 아무와도 대화하지 않으며, 사회와 단절되어 살아가는 사람들. 삶의 의미를 잃고 아무런 의지도 없이, 어떠한 노력도 하지 않고 살아가는 사람들. 이들을 무기력의 최고봉이라고 할 수 있지. 심각한 무기력 중에서도 가장 심각한, 이런 무기력을 바로 실존적 무기력이라고 해. 실존이라……. 좀 어려운 단어지? 실존에 대해 알려면

제1, 2차 세계대전 이야기를 하지 않을 수 없어.

. . .

전 세계적인 규모의 전쟁이 일어나기 전 철학, 심리, 신학 분야에서 이런 고민들을 했어. 어떻게 살아야 할까? 세상에 진리가 있을까? 우리는 무엇을 근본으로 삼고 살아야 할까? 우리의 신은 어떤 모습일까? 많은 사람들이 신을 믿었고, 신을 믿지 않는다 하더라도 사람이 살아가야 할 도리와 법칙, 질서가 있다고 믿었어. 동서양을 막론하고 나름대로 대대로 내려오는 풍습을 중요시하고 눈에 보이지 않지만, 우리가 지켜야 할 무언가가 있다고 생각하곤 했지.

하지만 말이야, 전쟁이 모든 것을 바꿔버렸어. 1차 세계대전이 벌어지고 또 2차 대전이 벌어졌어. 우리나라도 이러한 전쟁에서 벗어날 수 없었지. 전 세계적으로 두 번의 전쟁을 거치면서 사망한 사람은 대충 세어도 5천만 명 정도는 된다고 해. 현재 우리나라 인구가 그 정도 되지. 이렇게 많은 사람들이 전쟁으로 죽었어. 나치 히틀러 알지? 인종 청소라고 하여 특정 인종을 청소하듯 죽이기도 했지. 그리고 생체 실험을 하고 핵폭탄이 떨어지

신이시여~
대체 어디에
있나이까!

기도 했어.

신이 있다고? 5천만 명이 죽었어. 사람들은 눈물을 흘리며 이런 게…… 이따위가 신의 시련이라면 차라리 신을 믿지 않겠다고 부르짖었어. 사람이 살아가야 할 도리와 법칙이 있다고? 그런 말을 생체 실험장과 가스실에서 해보라 했지. 눈에 보이지 않지만 우리가 지키고 알아내야 할 진리가 있다고? 그런 진리는 전쟁 앞에서는 아무런 의미를 갖지 못했어.

• • •

실존이란 '실제로 현재 여기에 존재하는 나'라는 뜻이야. 신도, 법칙도, 진리도 다 모르겠고, 전쟁 통에 방 안 구석에 숨어서 오들오들 떨고 있는, 실제로 현재 여기에 존재하는 나만 있을 뿐이야. 진리가 있으면 뭐해. 나는 그저 두렵고 힘들고 외롭고 배가 고플 뿐이야.

실존이라는 말 자체가 전쟁을 통해 나온 말이니까 실존적 무기력도 평범한 수준의 무기력은 아니지. 절망, 자포자기, 그래서 죽음에 이를 수도 있는 극단적인 수준을 말해.

우리나라 청소년의 사망 원인 1위가 뭔지 알아? 그래. 자살이야. 그 자살의 원인이 다 무기력이라고 할 수는 없겠지만, 극단적인 무기력은 사람을 죽음에 이르게 만든다고도 할 수 있어. 실존적 무기력은 나라는 존재 자체가 필요 없다는 뜻이기도 해. 그래서 절망, 자포자기, 실존적 무기력은 가장 심각한 수준의 무기력이라 분류할 수 있을 거야.

너무 극단적인 무기력 이야기는 여기까지만 할게. 사실 나 마리아이는 무기력의 극단적인 상황을 깊이 이야기하려는 건 아니야. 수업 시간에 엎드려 자는 아이들, 수학을 일찌감치 포기하고 원래 나는 수포자라고 말하는 아이들에 대한 이야기를 하려는 것이지.

아무튼 무기력은 단계를 나눠보면 '내가 무기력을 느끼는 단계-남이 나를 무기력하게 만드는 단계-무기력과 나를 구분할 수 없는 단계'로 구분하기도 했고, '일상적-일시적-심각한-실존적 무기력'으로 구분하기도 했어.

그런데 도대체 우리는 왜 무기력할까?

3장

무기력 공식

의욕=기대×가치

기대=믿음+기술+경험

기대를 기르는 법 /: 어떻게든 할 수 있다!

기대를 기르는 법 2: 믿음을 가지고 '무엇이든' 행한다면!

가치를 기르는 법

like를 찾는 연습

의욕=(믿음+기술+경험)×(좋아하는 것+삶의 목표)

# 의욕=기대×가치

열심히 공부해서 좋은 대학 나와서, 좋은 직장에 취업한 한 남자가 있어. 일하다 보니 어영부영 서른을 훌쩍 넘겼어. 이제 주변에서 "너 언제 결혼할래?"라는 성화가 이어져. 소개팅도 많이 해봤지만 잘 안됐어. 처음엔 이상형을 못 만나서라고 생각했는데, 한 해 한 해 나이를 먹어가자 남자는 결혼에 대한 기대를 점점 접게 되었어. 물론 가끔 뵙는 부모님은 아직도 아들의 결혼에 대한 기대를 접지 않으셨지만 말이야.

난 저런 거
관심 없어~

'꼭 결혼을 해야 할까?'

남자는 점점 이렇게 생각하다 좀 더 지나서는 결혼은 자신에게 무가치하다고 생각했지. 남자는 자신에게 가치 없는 것을 주변 시선 때문에 해야 할 필요는 없다고 생각했어.

가만 생각해보면 우리도 이런 경우가 있을 거야. 처음엔 공부하려고 했지만, 공부를 해도 성적이 별로거나 공부가 어려워서 포기한 적 말이야. 나중에는 '내가 공부를 한다고 성적이 올라갈까?' 하는 생각을 해. 그러다 시간이 지나면 이렇게 생각하지.

'공부 잘한다고 다 성공하나? 공부 이외의 가치 있는 일을 하면 돼. 그래. 공부는 나에게 별로 가치가 없는 일이야.'

그러다 무기력에 빠져. 우리 교실에도 이런 친구들 많을 거야. 교실에서 한번 물어봐.

"그냥 아무것도 하기 싫은 사람?"

얼마나 손들 것 같아? 교실의 절반은 아무것도 하기 싫어하는 것 같다고? 뭐? 아무것도 하기 싫으면 손도 안 들 거라고?

· · ·

무기력은 기력이 없다는 말이라고 했잖아. 기력이란 쉬운 표현으로는 의욕, 동기 정도로 쓸 수 있지. 즉, 무기력은 의욕이 없

거나 동기가 없다는 말이지. 그러면 의욕은 어떨 때 생길까? 넌
언제 뭔가를 막 하고 싶은 생각이 들어? 재미있는 것을 발견했
을 때? 맛있는 것 먹을 때? 심리학자들은 의욕은 내가 하고 싶은
일이 있을 때, 그리고 그것을 잘할 수 있을 것 같을 때 생긴다고
해. 반대로 하고 싶지도 않거나 잘할 거라는 생각이 안 들 때 우
리는 무기력에 빠진다고 하지. 이를 공식으로 만들어봤어.

$$의욕 = 기대 \times 가치$$
$$무기력 = 0 \times 가치$$
$$무기력 = 기대 \times 0$$

'무기력' 하면 떠오르는 유명한 동물이 있어. 바로 코끼리야.
코끼리는 덩치가 크고 힘이 세지. 그래서 인도에서는 코끼리를
훈련시켜서 이런저런 일을 시키고 있어. 코끼리는 어릴 때부터
훈련을 시작한다고 해. 코끼리가 다른 곳에 못 가게 하려면 한쪽
다리에 줄을 매서 말뚝에 묶어둬. 어린 코끼리는 묶인 줄 때문에
어쩔 수 없이 그 자리에 있어야 하지.

그런데 코끼리가 어른이 되면 어떻게 할까? 어른 코끼리는 힘
이 매우 세잖아. 어지간한 밧줄로는 코끼리의 힘을 당할 수 없

지. 그러면 어른 코끼리를 제자리에 있게 하려고 묶을 때는 어떻게 할까? 엄청나게 굵은 쇠사슬로 묶을까? 아니 그렇지 않대. 그저 어렸을 때 묶었던 줄이면 충분하다는 거야. 어렸을 때 코끼리를 묶었던 줄은 어른 코끼리가 충분히 벗어날 수 있지만 어른 코끼리는 줄을 벗어나지 않는대. 어릴 때 벗어나려고 했으나 벗어날 수 없었던 경험이 성장 과정에서 계속 학습되어 완전히 포기한 것이지. 어른 코끼리가 되어도 벗어나려는 시도조차 하지 않는대. 더 이상 벗어날 수 있으리라는 생각조차 안 하는 것이지.

이를 보고 코끼리가 무기력을 학습했다고 말하기도 해. 이른바 학습된 무기력이야. 어렸을 때부터 "너는 못 해." "안 돼." 이런 말들을 들었다면, 무기력이 학습된다는 거야. 패배와 좌절이 학습된다고나 할까. 앞에서 공식을 제시했지.

$$의욕 = 기대 \times 가치$$

제시한 공식으로 표현하면 코끼리는 벗어날 수 있을 거란 기대가 0이라고 할 수도 있어. 그래서 의욕이 0이지. 이렇게 의욕이 0인 상태를 무기력이라고도 해.

．．．

　예전 우리나라가 일제에 점령당했을 때 대부분 지식인들은 절망했어. 당시 지식인들이 쓴 시를 보면 절망을 노래하는 것이 대다수야. 현실을 그대로 반영하기 때문에 리얼리즘이라고도 했는데, 그 현실이 절망이었지. 그런데 그렇게 절망하다 보면 친일파가 될 가능성이 높아. 왜냐고? 절망하니까. 우리나라가 일제로부터 독립할 가능성이 전혀 보이지 않으니까. 기대가 0이니까 무기력해지는 것이지.

　일제강점기를 다룬 어느 영화에 이런 장면이 나와. 조직을 배신한 사람에게 이유를 묻자, 변절자는 당당하게 대답해. "왜 일본의 앞잡이가 되었냐고? 몰랐으니까. 우리나라가 독립될 거라고는 전혀 생각할 수 없었으니까"라고.

　그 사람에게 부끄러움은 없었어. 자신뿐만 아니라 거의 모든 사람이 독립할 거라고는 상상하기 어려웠으니까 말이야. 그래. 사람들은 전혀 기대할 수 없으면 무기력해지게 돼.

　그런데 말이야. 그러면 끝까지 포기하지 않고 독립운동을 했던 사람들은 뭘까? 그 사람들은 왜 무기력에 빠지지 않았을까? 독립운동가들은 우리나라가 독립할 거라고 많이 기대했을까?

친일파

—독립? 말이 안 되죠. 일본이 최강인데···.

글쎄. 독립운동가라고 해서 당시에 우리나라가 독립될 가능성이 매우 높다고 생각하지는 않았을 것 같아. 하지만 공식을 다시 떠올려봐.

의욕=기대×가치

독립운동가들이 무기력에 빠지지 않았던 것은 아마도 가치가 컸기 때문일 거야. 독립운동가들도 당시에는 우리나라가 독립될 확률이 적다고 생각했을 거야. 하지만 가치는 매우 높았어. 알기 쉽게 숫자로 표현해볼게. 독립될 기대를 0.0001이라고 하면, 우리나라 독립의 가치가 100,000,000쯤 되는 거야. 그러면 둘을 곱

해도 꽤 큰 숫자가 나오지. 내가 할 수 있을 거란 기대가 적다고
해도, 그 일이 매우 가치 있다고 생각하면 포기할 수가 없는 거
야. 세상에는 평생을 다해서 한 가지 일을 하는 사람들이 있지.
심지어 몇 대에 거쳐서 그 일을 추구하는 사람들도 있어. 그들에
게는 내가 그 일을 완수할 수 있을 거란 기대보다 그 일의 가치
가 더 중요한 것이겠지.

# 기대 = 믿음 + 기술 + 경험

중요한 것은 기대와 가치야. 과연 내 안의 기대와 가치를 높일 방법이 있을까?

한번은 우리나라 축구 국가 대표 팀이 다른 나라 대표 팀과 시합을 하고 있었어. 상대는 우리나라보다 강팀이라고 알려져 있었지. 실제로 경기를 하는 모습을 보면 시종일관 상대가 공격을 하고 우리는 주로 수비를 하며 어찌어찌 막아내고 있었어. 그러다 결국 상대팀이 골을 넣었고 우리는 패배할 것 같았지.

당시 해설은 유명한 축구 선수였던 박지성이 맡았어. 아나운서가 박지성에게 물었어.

"강한 상대. 지고 있는 경기. 얼마 남지 않은 시간. 지금 필요한 것은 무엇일까요?"

당연히 전술 변화? 선수 교체? 끈기? 노력? 뭐 그런 것들을 떠올렸지. 어떤 공격 루트를 통해 패스를 하고, 누가 슛을 날려야 하는 문제들 말이야.

하지만 박지성은 이렇게 말했어.

"믿음입니다. 골을 넣을 수 있다는 믿음을 가져야 합니다."

믿음? 순간 박지성이 종교 생활을 깊이 하나 하는 생각이 들었어. 축구하는 데 웬 믿음? 그런데 이렇게 뒤집어서 생각해봐. 골을 넣을 수 없다고 믿으면 어떻게 될까? 아마 열심히 안 뛰겠지. 어차피 골을 넣을 수 없는데 왜 열심히 뛰겠어? 그래. 골을 넣을 수 있다고 믿으니까 한걸음이라도 더 뛰겠지.

펜싱 선수 박상영도 그랬어. 2016년에 브라질 올림픽에서 있었던 일이야. 박상영은 펜싱 결승에 올랐지. 결승전 상대는 아주 노련한 사람이었고 박상영은 9:13으로 지고 있었어. 잠시 쉬는 시간에 박상영은 계속 중얼거렸어.

"할 수 있다. 할 수 있다. 할 수 있다."

그리고 점수는 10:14가 되었어. 먼저 15점을 먼저 득점한 사람이 이기는 경기였고, 펜싱 규칙은 칼이 동시에 몸에 닿으면 둘 다 점수가 올라가. 그래서 동시에 닿기만 해도 지는 거였지. 하지만 놀랍게도 5점을 연속으로 내면서 결국 금메달을 땄지. 할 수 있다고 중얼거리고 결국 해냈어. 그래서 박상영의 '할 수 있다'는 당시 유행어가 되었어.

· · ·

아마도 이런 말 많이 들어봤을 거야.

소년, 소녀여 야망을 가져라(Boys, Girls be ambitious)! 꿈을 가져라. 간절히 바라면 이루어질 것이다. 넌 할 수 있어. 인간에게는 무한한 잠재력이 있다. 어느 분야든 1만 시간 정도 노력하면 그 분야의 천재성을 띠게 된다.

어디선가 들어본 말이지?

그러면 나 자신에 대한 기대를 가지려면 어떻게 해야 할까? 꿈, 야망, 노력, 의욕이 넘치려면 기대와 가치가 필요한데, 어떻게 하면 내가 무엇인가 할 수 있다는 기대를 가지게 될까?

"나는 할 수 있다."

어떻게 하면 이런 기대를 할 수 있을까? 심리학자들은 그 방법으로 세 가지를 제시하고 있어.

그것 바로 믿음, 기술, 경험이야. 나는 할 수 있다고 강하게 믿어버리거나, 실제로 기술이 있어서 할 수 있을 거라고 생각하거나, 실제로 해본 적 있다는 것이지. 그러면 기대하게 된다는 거야. 나는 할 수 있다고 말이야.

무기력 공식을 조금 더 확장해볼게.

기대=믿음+기술+경험

이 식을 의욕 공식에 대입하면 이렇게 되지.

의욕=(믿음+기술+경험)×가치

# 기대를 기르는 법 1: 어떻게든 할 수 있다!

혹시 '반두라'라고 못 들어봤지? 알게 모르게 우리나라 교육에 큰 영향을 끼친 사람이야. 캐나다 태생이고 미국에서 공부하신 분으로 아직도 활동하셔. 별명이 논문 공장장인데, 아주 그냥 논문을 공장에서 찍어내듯이 쓰셨지. 그래서 이 분 책을 좀 볼까 하고 찾아보면 일단 두께에서 질리게 돼. 1950년대에 미국 교육계의 스타가 되었고, 그 후 미국 교육계를 접수하셨지. 이분에 대한 유일한 비판은 너무 접수해버렸다는 거야. 남들도 할 게 있어야지 혼자서 다 해먹으면 다른 사람들은 어쩌라는 거냐는 사람들이 있었지. 교육 분야에 노벨상이 있다면 반두라는 100% 노벨상 감이야.

그렇게 미국 교육계를 접수하고, 자연스럽게 우리나라 교육에도 많은 영향을 끼쳤어. 미국을 평정한 교육학자라면 공부는 어떻게 해야 하는가? 왜 누군 잘하고 누군 못하는가? 잘 못하는 아이들을 어떻게 키우면 잘하게 될 수 있을까? 이런 질문들에 답할 수 있어야 하지. 반두라는 뭐라고 했을까? 반두라 주장의 핵심은 바로 이거야.

자기 효능감.

풀어서 설명하자면 어떤 분야의 일에 대해 내가 적절히 대응할 수 있고, 그래서 결국 그것을 할 수 있다고 믿는 기대나 신념이라고 할 수 있어.

자기 효능감은 나는 훌륭한 사람, 나는 뛰어난 사람이라고 생각하는 것과는 조금 달라. 자부심, 자신감과는 다른 개념이지. 사람의 도덕적인 부분을 이야기하는 것도 아니야. 착한 사람, 나쁜 사람을 구분하는 개념과도 달라. 자기 효능감은 나라는 사람 자체에 대한 판단이

**자기 효능감**
[심리학 용어] 자신이 어떤 일을 성공적으로 수행할 수 있는 능력이 있다고 믿는 기대와 신념을 뜻한다.

사전

아니야. 내가 수학이면 수학, 영어면 영어, 축구면 축구에 대해서 잘 알고, 할 수 있다는 신념이 있냐는 것이지. 당면한 문제에 대한 조금 더 구체적인 판단과 관련이 있다고 해야 하나?

자기 효능감은 할 일의 순서를 알고 있느냐는 것과도 달라. 수학 문제를 풀려면 풀이 과정을 알아야 해. 그런데 전혀 모르는 수학 문제가 나오면? 그 문제 푸는 순서를 당연히 모르겠지. 그래도 그 문제를 풀기 위해 어떻게 접근해야 하는지 알고, 결국 그 문제를 풀 수 있을 거라는 믿음을 갖느냐는 거야. 아는 문제가 나오면 다들 쉽게 풀 수 있을 거야. 그런데 모르는 문제가 나왔을 때는 믿음이 필요하지.

· · ·

좀 전에 얘기한 박지성의 해설처럼, 강한 상대, 지고 있는 상황, 얼마 남지 않은 시간. 어떻게 해야 하지? 골을 넣을 수 있다는 믿음이 필요해. 어떻게?

어떻게든.

아니 그게 무슨 소리야. 골을 넣을 수 있는 구체적인 방법이 아니라 그냥 막연히 어떻게든이라는 거야? 그게 답이라고?

그래 어떻게든. 그게 답이야.

어떻게든 골을 넣을 수 있다는 신념이 축구에 대한 자기 효능감이야. 물론 그 '어떻게든'의 속에는 다양한, 아주 여러 가지 방법이 있을 거야.

그런데 설마 골을 넣을 수 있는 방법을 알려달라고 할 때 어떤 전술을 사용할지, 언제 선수 교체를 할지, 왼발로 혹은 오른발로 슛을 해야 할지를 알려달라는 건 아니겠지? 프로 축구 선수라면 이미 충분히 배우고 익혀왔을 거야. 많은 경우의 수 중에서 어떤 기회가 찾아올지는 알 수 없는 것이지. 이런 상황이 올 수도 있고, 아닐 수도 있고. 어찌 되었든 기회가 올 거라고 믿는 수밖에 없지. 그렇게 기회를 만들어야겠지. 어떻게든 말이야.

· · ·

우리 미래도 마찬가지야. 명절날 물어봐서는 안 되는 금기어가 있대. 언제 취업할래? 언제 결혼할래? 언제 아이 낳을래? 이런 말이 30~40대 어른들에게 하면 안 되는 금기어라고 하더라고. 우리에게는 뭐가 비슷한 말일까? 고등학교 어디 갈래? 대학은 어디 갈래? 너는 커서 뭐 될래? 이런 말들이겠지?

중3, 고3은 입시와의 전쟁이야. 대학 진학이 아주 중요하고도 복잡한 문제라는 것은 대한민국 사람이라면 모르는 사람이 없을 거야. 고입도 대학만큼은 아니더라도 나름대로 어렵고 복잡해.

고등학교가 인문계와 실업계로만 나뉜다고 알고 있는 어른들도 많지만 요즘은 분류 항목만 10개가 넘어. 고등학교를 항목별로 분류해보면 영재고, 과고, 외고, 체고, 예고, 특성화고, 자율형 사립고, 자율형 공립고, 마이스터고, 학력 인증고, 각종 중점 학교, 인문계고가 있고 각 항목마다 또 다양한 학교가 있지. 특성화고만 하더라도 상업, 농업, 기계, 금융, 정보, 미술, 만화 등등 다양해.

그래서 학생들의 적성에 따라 다양한 기회가 있다고 말하기도 하지만, 그만큼 뭐가 뭔지 모를 수도 있어. 아이들은 중학교 3학년 나이에 다양한 기회 속에서 자신의 학교를, 미래를 선택해야 하지. 결정 장애에 걸려버리는 경우는 너무 흔해.

그런데 중3 학생들의 진로 선택 과정에서는 공부를 잘하든 못하든 어느 분야를 지원하든 비슷한 질문을 하게 돼. 어떤 아이들은 좋은 학교에 가고는 싶은데 그 학교는 평균적으로 학생들의 성적이 높아. 그러면 이런 질문을 하지. 내가 그 아이들과 경쟁해서 잘할 수 있을까? 그래서 불안한 마음에 평균 성적이 낮은 학교로 눈을 돌려.

• • •

그러면 또 이런 걱정이 들어. 아무래도 성적이 낮은 학교는 공부 안 하고 노는 아이들이 많을 텐데, 내가 그 아이들에게 물들지 않고 나 혼자 열심히 공부할 수 있을까? 혹은 우물 안 개구리처럼 그 안에서만 잘한다고 착각하다가 막상 대학 갈 때는 망하지 않을까? 특기가 있는 학교에 가는 경우도 그래. 내가 체육으로 성공할 수 있을까? 내 그림 실력으로 될까? 이런 질문들을 하지. 그래, 이 아이들의 질문은 결국 이거야. '내가 잘할 수 있을

까?' 잘할 수 있겠냐고 물으면 뭐라고 답해야 할까? 그래. 너는 잘할 수 있을 거야. 토닥토닥. 이렇게 말해야겠지?

그런데 주변에서 이렇게 상냥하게 말해준다 하더라도 불안함 은 사라지지 않아. 본질적으로 미래에 관한 질문이기 때문에 아 무도 정답을 알 수는 없어. 미래를 누가 알겠어? 사람들은 미래 를 예측하기 위해 노력하지. 확률을 따지고 가능성을 비교해. 그 래도 예측에 실패하는 경우가 허다하지. 우린 어떻게 해야 할 까? 나는 어떻게 해야 할까? 내가 잘할 수 있을까?

답은 아무도 몰라. 미래를 알면 신이게? 결국 우리는 믿을 수 밖에 없어. 미래는 내 진로니까. 내 미래니까. 나를 믿고 꿋꿋이 가는 것 이외엔 할 수 있는 것이 없지.

그런데 또 신기한 것은 그러면 충분하다는 거야. 스스로 믿고 어떻게든 해나가는 것. 세계적인 학자가 어려운 말로 표현한 자 기 효능감이야.

쉬운 말로 하면 이거지. 할 수 있다. 어떻게? 어떻게든!

# 기대를 기르는 법 2 :
# 믿음을 가지고 '무엇이든' 행한다면!

재벌 그세···
재벌 그세···

간절히 바라면
이루어진다!

아, 잠깐. 아까 내가 했던 말 잊어버린 건 아니지? 기대는 믿음, 기술, 경험의 합이라는 말. 서점에 가면 믿음을 강조한 책들이 많아. 생생하게 믿으면 이루어질 것이다, 간절하게 믿으면 이루어질 것이다, 이렇게 말하곤 하지. 뭐 꼭 틀린 것은 아닌데 믿음 이외의 요소들도 지나칠 순 없지.

반두라는 기술과 경험도 기대를 높이는 요소라고 했어. 그리고 기술과 경험이 있으면 믿지 않기도 어려워. 생각해봐. 김치볶음밥을 만드는 기술과 경험이 있어. 백 번은 만들어봤고, 김치볶음밥을 맛있게 만드는 레시피를 완벽하게 익혔고 불 조절, 양념

조절의 기술이 있어. 그러면 내가 만든 김치볶음밥이 맛있다는 믿음을 가지지 않기도 어렵잖아. 백 번을 잘 만들고서 이번에는 분명 망칠 거야. 잘못 만들 거야. 이렇게 생각하기도 어렵지.

또한, 공식을 잘 보면 의욕은 기대×가치라고 하면서 곱하기를 썼고, 기대=믿음+기술+경험이라고 하며 더하기를 썼지. 기대 또는 가치가 0이면 의욕도 0인데, 기대는 믿음이 0이어도 기술이나 경험이 있으면 0이 아니야. 즉, 믿음, 기술, 경험 중 뭐라도 있으면 기대가 살아남게 된다는 것이지.

. . .

수영을 엄청 무서워하는 친구가 한 명 있어. 어느 날 내가 "넌 왜 그렇게 수영을 무서워해?" 하고 물었어. 친구가 곰곰이 생각하더니 얘기했어. 수영을 처음 배우러 갔을 때였대. 강습 첫날 수영 선생님이 옆 사람들과 손을 잡으라고 하더니 물속에 머리를 담그고 들어가라고 했대. 물 밖에서 발차기 같은 것부터 하겠지, 이런 가벼운 마음으로 갔는데 숨이 막혔대. 그래서 선생님께 "잠시만요. 물 좀 먹고 올게요"라고 말하고는 수영장을 빠져나와 그 길로 집에 와버렸대. 수영용품들 돈 들여서 기껏 샀더니 그냥 왔다고 엄마한테 무지 혼나고. 그렇게 몇 년이 흘렀고 친구는 몇 년 만에 다시 용기를 냈어.

여전히 물을 보니 도망가고 싶은 생각이 들었지만 꾹 참았어. 다행히 이번에는 바로 머리를 담그라고 하지 않고 발차기부터 차근차근 가르쳐주셨대. 하지만 공포감 때문인지 잘해보고 싶은 마음은 굴뚝 같은데 좀처럼 잘되지 않고. 친구는 한동안 강습이 끝나고 나서도 남아서 그날 배운 동작을 열심히 연습했어. 이번 만큼은 꼭 배우고 싶어서였지.

친구는 우선 발이 닿는 유아 수영장이 연습에 적격이라고 생각했어. 사람도 아무도 없으니 아무리 우스꽝스러운 동작을 해도 신경 쓸 필요가 없었지. 무릎 정도밖에 안 되는 유아 풀에서 혼자 물도 먹고 쌩쑈를 하며 연습했어. 그렇게 동작 하나하나를 익히고 수영으로 나가는 거리도 점점 길어지니까 재미도 있고 점점 자신감도 붙었어. 그러면서 물에 대한 공포를 이겨내고 수영도 배울 수 있게 되었지.

친구는 비록 남보다 몇 배의 시간이 걸려서 수영을 배웠지만 그 의미는 다른 사람들은 상상도 못 할 값진 것이었어. 친구에게 수영을 배우는 과정은 자신의 콤플렉스를 극복하는 과정이었거든. 자신이 영영 못 할 줄만 알았던 것을 해냈을 때의 성취감은 그 무엇과도 바꿀 수 없는 값진 것이지.

· · ·

이 친구는 나중에도 어려운 일을 만날 때면 수영을 배우던 기억을 떠올렸다고 해. '내가 수영도 했는데, 그때처럼 도전하면 무슨 일을 못 하겠어?'라고. 살아가는 데 큰 밑천이 되었다고 하더라고. 즉, 수영이라는 경험이 믿음을 주었고, 그 믿음은 수영 이외의 다른 믿음에도 영향을 주었다고 할 수 있지.

사실 자기 효능감을 나쁘게 말하면 '근자감'이라고도 할 수 있어. 근거 없는 자신감. 그런데 잘 찾아보면 자기가 기억을 못 할 뿐이지 자신감의 근거가 있기도 해. 자신의 과거 경험과 기술이 그 근거야. 김치볶음밥을 한 번도 만들어본 적이 없지만 근자감으로 "그까짓 것 만들 수 있지." 그러는 친구들이 있어. 그러다 실패하면 "하하하. 뭐 그럴 수도 있지." 그러면서 다음에는 더 잘 만들 수 있다고 우겨. 이런 근자감은 김치볶음밥 이외의 다른 곳에서 맛본 성공의 경험 때문일 거야.

# 가치를
# 기르는법

넌 뭘 원해? 아니 넌 뭘 좋아해?

어떤 아이가 놀이공원에 오랜만에 놀러 갔어. 엄마, 아빠와 함께 간 놀이공원에는 신기한 것이 너무 많았지. 그중에서 특히 아이의 눈길을 사로잡은 것은 바로 풍선! 아이는 엄마에게 풍선을 사달라고 졸랐어.

그런데 엄마는 지난번에도 풍선을 사줬는데 금방 잃어버렸다고 안 사줬어. 아이는 떼를 썼지. 주변을 봐도 온통 풍선을 들고 다니는 아이들뿐이었어. 아이가 계속 떼를 쓰자 못 이긴 엄마는 풍선을 사줬어. 아이는 신이 났어. 하지만 10분도 안 되어 풍선을 잃어버리고 엄마한테 혼이 나고 말았지. 아이는 언제 풍선을

잃어버렸는지 기억나지 않았어.

놀이공원에서 무언가 사달라고 떼를 쓰다가도 막상 그것을 사주면 금방 싫증 내는 아이. 사실 이런 아이들은 너무 흔해. 그런데 아이가 풍선을 갖고 싶을 때와 장소를 관찰해본다면 재미있는 사실을 발견할 수도 있어. 아이는 언제 풍선을 갖고 싶을까? 풍선 가게 앞. 풍선이 있는 장소야. 당연하다고?

그런데 더 자세히 보면 풍선뿐만 아니라 풍선을 가지고 있는 다른 아이들도 있어. 순수하게 풍선만 있을 경우와 다른 아이들이 풍선을 가지고 있을 때, 아이는 어느 경우에 풍선을 갖고 싶다는 욕구가 더 강해질까? 아이는 금세 풍선을 잃어버렸어. 만약 풍선이 매우 소중했다면 아이는 집에 올 때까지 풍선을 잃어버리지 않았을 거야.

그런데 아이는 금세 풍선을 잃어버렸고 심지어 언제 잃어버렸는지 기억하지도 못해. 즉, 아이는 주변 아이들이 풍선을 가지고 있을 때 풍선을 갖고 싶어 했고, 주변에 풍선을 가진 아이들이 없자 풍선을 잃어버렸을지도 몰라. 풍선을 좋아한다기보다는 나만 풍선이 없는 상황이 싫었을 거라고도 생각해볼 수 있지.

· · ·

밤에 높은 건물에서 내려다보는 서울의 야경은 무척 아름다워. 서울은 온통 환하게 빛나고 있거든. 수많은 건물에서 나오는 빛들은 도시를 아름답게 밝히지. 그런데 그거 알아? 서울의 야경이 아름다운 건 다 야근 때문이라는 사실 말이야. 뭔 소리냐고? 그 수많은 건물에서 나오는 빛들은 많은 사람들이 밤늦게까지 열심히 일하고 있다는 뜻이거든.

우리 아빠들은 열심히 일하셔. 우리나라가 일하는 시간이 길기로는 둘째라면 서러운 나라잖아. 왜 그렇게 오래 일할까? 많은 부모님들이 답하지. 가족을 위한 것이라고. 그렇게 열심히 오래 일하지 않으면 돈을 벌 수 없고, 돈을 벌지 못한다면 가족에게 어려움이 생길 수도 있어. 집값은 비싸고, 교육비, 생활비 등 돈이 필요해. 나중에 사랑하는 나의 아이가 결혼을 할 때 돈 한 푼 없는 부모가 되기는 싫을 거야. 또 좋은 집으로 이사 가고 싶고 아이에게 좋은 것을 사주고 싶지.

이렇게 가족을 위해 묵묵히 일하는 게 나쁘다는 말은 아니야. 이렇게 일하며 미래에 대비하는 삶을 우리는 충실한 삶이라고 생각하곤 해. 그런데 이렇게 충실한 삶은 가끔 힘들게 마련이야. 끊임없이 밀려드는 일거리는 한 가지를 해결하면 또 다른 곳에서 문제가 생겨. 그것을 해결하면 또 다른 데서 문제가 터지곤 해. 그래서 가끔 아빠는 생각해. 언제까지 이렇게 막아내야 할까?

・・・

　TV에 나오는 연예인 A는 누가 봐도 성공한 사람이었어. 돈과 명예를 가졌고 그의 꿈을 이루었지. 본인 스스로 성공하고 싶다는 열망이 있었고 결국 해냈어. 그런데 A는 그렇게 성공을 하고 나니 기분이 이상했대. 성공을 하고 싶었고 실제로 성공했는데 가슴 한구석이 허전하다는 거야. 가까운 지인에게 마음이 허무하다고 이야기하고 위로를 받기도 했지만 그때뿐이었어. 다른 일부 연예인이 마약을 하거나 유혹에 빠지는 걸 보며 한편으로는 그들의 마음이 이해가기 시작했대. 물론 자신은 절대로 그러면 안 된다고 생각했지만.

　누가 봐도 성공한 연예인의 허무함은 어떻게 생각해야 할까? 뭐? 걱정할 필요가 없다고? 세상에서 제일 쓸데없는 짓이 연예인 걱정이라고? 아니, 그런 뜻이 아니라 많은 사람들이 성공을 원하잖아. 그리고 일부는 그런 성공을 이루어내기도 하고. 그다음을 이야기해보자는 것이지. 성공하면. 그다음은? 성공해서 좋아? 행복해? 마음이 뿌듯하고 충만해? 그런데 연예인 A는 딱히 그렇지 않았다는 것이 문제야. A는 성공을 원했고, 그 성공을 이루었는데 왜 허무할까? 결국 그 끝이 허무라면 우리는 왜 그토록 성공을 원할까?

풍선을 가지고 싶어 한 아이처럼, 우리는 원하는 것을 얻자마자 금방 잃어버리곤 해. 어려움에 처하지 않기 위해 일하며 살아가고, 성공을 하고 나서도 알 수 없는 허무함을 느껴. 왜일까?

. . .

여기서 잠깐, 무기력 공식을 다시 한 번 소환해보자고.

의욕=기대×가치였고 무기력은 기대 또는 가치가 0인 경우였지.

기대를 높이는 방법에 대해서는 앞 장에서 많이 이야기한 것 같아. 여기서는 가치에 대해서 이야기해볼게. 먼저 간단한 질문으로 시작해볼게.

'넌 뭘 원해?' 영어로는 'What do you want?' 이렇게 쓸 수 있어. 웬 영어냐고? '원한다'는 단어 자체의 의미를 알아보려고 그래. 자칫 단어에 대한 오해가 있을까 봐 영어로도 쓰는 거야.

넌 뭘 원해(What do you want)?

그럼 이렇게 대답해야겠지.

나는 ＿＿＿＿를 원해(I want ＿＿＿＿).

한 가지 질문을 더 해볼게.

넌 뭘 좋아해(What do you like)?

나는 ＿＿＿＿를 좋아해(I like ＿＿＿＿).

아이에게 풍선은 원하는 것이었을까? 아니면 좋아하는 것이었을까? 아이에게 풍선은 want일까? 아니면 like일까? 어떻게 생각해? 내 생각엔 풍선을 좋아했다면 아무도 없는 곳에서도 풍선을 소중히 여겼을 것 같아.

그렇다면 열심히 일하는 아빠들에게 일은 원하는 것(want)일까? 아니면 좋아하는 것(like)일까? want일까? like일까? 생계의 수단, 그저 돈을 벌기 위한 방법이라면 원하는 것이지 좋아한다고 말하긴 힘들 거야. 많은 사람들이 "좋은 직장 얻기를 원한다." "좋은 직장을 잡길 바란다." "좋은 직장에 다니고 싶다."와 같이 표현해. 하지만 이때는 그 직장을 원한다는 의미이지 좋아한다는 표현은 아닐 거야.

그럼 이제 우리 '가치'라는 단어를 써서 말해볼까?

생계를 위해, 어려움을 겪지 않기 위해 일하는 것은 원하는 것이지 좋아하는 것은 아니야. 그래서 그 일의 가치는 일 자체의 가치가 아니고 일을 통해 얻을 수 있는 것의 가치야. 쉽게 말하면 돈 또는 돈으로 할 수 있는 다른 것들이 가치 있는 것이지. 예를 들어 아빠는 힘들 때 가족을 생각하며 일했어. 그렇게 가족은 눈앞에 없어도 생각만으로 힘이 나는 존재였어. 그렇다면 아빠에게 가족은 원하는 것(want)이 아니라 좋아하는 것(like)이지. 이 아빠의 경우 일은 want, 가족은 like야.

# like를
# 찾는 연습

'원하는 것'이 아니라 '좋아하는 것'이 많은 사람은 행복한 사람이야. 그래서 우리는 원하는 것이 아니라 좋아하는 것을 찾는 연습을 할 필요가 있어.

"넌 뭘 좋아해?"

"내가 좋아하는 것은 ＿＿＿이야."

빈칸을 채워보자고. 아 참. 그런데 내가 좋아하는 것을 말할 때 규칙이 하나 있어. 그게 뭐냐면 아무도 없을 때에도, 아무에게도 자랑할 수 없을 때에도 그것을 좋아해야 한다는 거야. 예를 들면 SNS에 올린 맛있고 예쁜 음식은 안 돼. 인터넷에 자랑하는 순간, 그것이 자랑하기 위해서인지 내가 진짜 좋아해서 좋은 것인지 헷갈려. 아무도 몰래, 아무도 알아주지 않아도 그것을 좋아해야 진짜 like인 거야. 아무도 관심 없는 순간에도 내가 좋아하는 것. 넌 그런 게 있어?

• • •

이종격투기 선수에 도전한 개그맨 B가 있어. 많은 시간을 운동하는 데 썼어. 구르고, 무거운 것을 들고, 다른 사람과 대련하면서 엄청 얻어맞기도 했지. 그렇게 뛰고 얻어맞으라고 한다면 대부분의 사람들은 싫어하겠지. 어떤 이종격투기 선수의 부모님들은 용돈을 드려도 자식이 얻어맞으면서 번 돈은 쓰기 힘들다고 말하기도 한대.

나는 내가 좋아하는 일을 할 뿐이야!

사람들은 물어. 넌 개그맨이잖아. 그런데 왜 이종격투기를 해? 이종격투기를 하면 뭐 도움이 돼? B는 이렇게 말하지.

"뭐 어느 한 길을 정해서, 그 길을 꿋꿋이 걸어나가 성공하는 삶도 멋있겠지. 하지만 난 그냥 내가 좋아하는 것을 하면서 사는 것도 좋은 삶이라고 생각해."

B에게 격투기는 want일까? like일까?

원하는 것과 좋아하는 것. want와 like 중에서 좋아하는 것을 찾아야 한다는 말을 했지. 한 발자국 더 나가볼게. 이제는 문장을 조금 더 길게 써볼 거야.

이런 질문을 아주 많이 들어봤을 거야. 넌 꿈이 뭐야? 넌 나중에 뭐가 되고 싶어?

그러면 우린 이렇게 답하지.

"내 꿈은 _____야. 난 _____가 되고 싶어."

영어로 표현하면 I want to be _____. 이렇게 쓸 수 있어.

예를 들면 이런 것이지. '나는 커서 의사가 되고 싶다.' '나는 나중에 가수가 되고 싶다.' '나는 부자가 되고 싶다.' '나는 요리사가 되고 싶다.' '나는 커서 연예인이 되고 싶다.'

• • •

아까 어느 연예인 A의 이야기를 했어. 연예인이 되고 싶었고, 연예인이 되었어. 성공을 원했고 성공을 이루었지. 그런데 A는 허무했어. 왜 그랬을까? 도대체 뭐가 문제였을까? 그렇게 성공했으면 기뻐하는 것이 맞지 않을까? 성공하기 위해 노력하는 수많은 사람들을 위해서라도 이미 성공했다면 기뻐하는 편이 좋을 것 같아. 그런데 A는 허무했어. 왜 그랬을까?

답은 '연예인이 되고 싶다'는 목표 자체가 부족했기 때문이야. 뭔 소리냐고?

넌 꿈이 뭐야? 많이 들어본 말이지? 하지만 우리는 이 질문을 오해하는 경우가 많아. 오죽하면 지금 영어까지 써가면서 단어 해석을 하고 있겠어. 자세히 한번 볼까?

'나는 _____이 되고 싶다.' 영어로는 'I want to be _____.'이지. 여기서 빈칸에 들어갈 단어는 어떤 의미를 가질까?

나는 연예인이 되고 싶다고 할 때 연예인이라는 것은 어떤 의미일까? 그건 바로 자격이고, 위치이고, 능력에 해당하는 단어야. 빈칸에 들어가는 것은 어떤 사회적인 위치나 신분에 해당한다는 말이지.

'나는 대통령이 될 거야.' '공무원이 될 거야.' '선생님이 되고 싶어.' 다 마찬가지야. 그런데 이런 문장에는 되고 난 다음의 계획이 없어. 된 다음에는? 대통령이 되었어. 그래서 어쩌려고? 그 다음에는? 이런 질문이 포함된 문장이 아니라는 것이지.

연예인 A는 연예인이라는 위치에 서고 싶었어. TV에 나오는 유명인이 되고 싶었어. 그리고 결국 연예인이라는 위치에 올랐어. 그러면 사람은 당연히 그다음을 생각하게 되지. 그런데? 그다음은? 그래서 어쩔까? A는 이런 질문에 대한 준비가 없었던 거야. 의식하진 못하지만 자기 스스로에게 묻지.

'목표를 이루었네. ……그런데 이제 뭐하지?'

스스로 질문에 답하지 못하니까 허무하지. 이제 할 일이 없으니까 허무해. 처음부터 질문이 충분하지 않았던 거야.


• • •


그의 허무함을 달래기 위해서는 이런 질문이 필요해.

'난 무엇을 위해서 살까?' 영어로는 'I want to live for ＿＿＿.'로 쓸 수 있어.

'난 뭐가 되고 싶다(I want to be ＿＿＿)'가 되고 싶은 직업, 위치, 신분이었다면 '난 뭘 위해서 살고 싶다(I want to live for ＿＿＿)'는 가치가 들어간 말이야.

어느 가수 지망생에게 물었어.

"넌 뭐가 되고 싶어?"

지망생은 대답했어.

"나는 유명한 가수가 되고 싶어."

다시 물었어.

"그러면 넌 뭘 위해서 살고 싶어?"

지망생은 대답했어.

"음…… 다른 사람들이 내 노래를 들으며 행복해하게 만들고 싶어."

다시 물었어.

"그래? 그러면 다른 사람의 행복이 너의 삶의 목표야? 노래는 그 수단이 되는 것이고?"

지망생은 대답했어.

"어…… 다른 사람의 행복을 위해서 산다……라기보다는…… 내가 노래를 하면 사람들이 잘했다고 쳐다봐주는 느낌이 좋아. 또 다른 사람들도 내 노래를 들으면 좋아하는 것 같아."

다시 물었어.

"그렇구나. 그러면 너는 다른 사람으로부터 인정받고, 다른 사람을 기쁘게 하는 것이 좋은가 보네. 그런 인정받기와 기쁨 주는 것을 목표로 살아가고 싶어?"

지망생은 한참을 고민하더니 대답했어.

"음…… 잘 모르겠어."

. . .

우리 대부분은 아마도 나만의 가치를 찾지 못하고 있을 거야. 벌써 찾아서 신념대로 살라는 건 아니야. 어른들도 자신만의 가치와 신념을 분명히 말하긴 어려워. "당신은 무엇을 위해서 사나요?" "당신의 가치와 신념은 뭔가요?" 이런 물음에 즉각 대답할 수 있다면 정치인처럼 신념을 말하는 것이 직업인 사람일 거야.

지금 꼭 대답하자는 건 아니야. 그저 이런 질문을 가져보자는 것이지.

내가 갖고 싶은 것보다는 내가 좋아하는 건 뭘지 생각해보고, 내가 되고 싶은 직업보다는 내 삶을 걸 만한 가치가 있는 건 무엇일지 생각해보자는 것이지.

요즘은 100세 시대라잖아. 그렇게 긴 시간 동안 무엇을 위해서 살아야 할까? 내가 되고 싶은 직업이나 위치를 아주 높은 목표로 정하고 한평생 그것을 이루기 위해 살아갈 수도 있어. 부자, 재벌, 세계 최고의 무엇 등등 끝이 정해지지 않거나 이루기 어려워 보이는 목표를 정할 수도 있지.

• • •

어때? 무기력을 극복하기 위해 나만의 가치를 찾아볼 마음이 생겨? 앞에서 방탄소년단 이야기를 했어. 무기력하게 보내던 어느 날 내 가슴을 뛰게 만드는 무언가를 찾았다는 이야기였지. 그래. 내 가슴을 콩닥거리게 만드는 그것. 뭐? 방탄소년단 자체가 두근거리는 대상이라고? 그래, 그것도 좋아. 남들과 상관없이, 분위기에 휩쓸려 팬인 척하는 게 아니라면 나만의 아이돌은 분명 좋은 가치가 될 수 있지. 이렇게 하나하나 찾아보자고.

앞에서 본 이야기를 표로 정리해봤어.

| 갖고 싶은 것 | 가방, 신발 |
|---|---|
| 좋아 하는 것 | 볶음밥, 아이돌 그룹, 가족 |
| 나는 ___가 될거야 (직업, 위치, 수단, 능력) | 가수 |
| 나는 ___를 위해 살거야 (가치, 신념) | 모르겠음. 찾아볼 예정임. |

이제 나만의 표를 채워볼까?

| 갖고 싶은 것 | |
|---|---|
| 좋아 하는 것 | |
| 나는 ___가 될거야 (직업, 위치, 수단, 능력) | |
| 나는 ___를 위해 살거야 (가치, 신념) | |

# 의욕=(믿음+기술+경험)
# ×(좋아하는 것+삶의 목표)

헉헉, 아휴 숨 가쁘다! 의욕=기대×가치 공식 이야기는 이제 그만하고, 다음 이야기를 이어서 할게. 기대=믿음+기술+경험이었고, 가치는 좋아하는 것, 내 삶의 목표를 찾아야 한다는 것이었지. 확장해서 써보면 아래와 같다고 할 수 있지.

$$의욕=(믿음+기술+경험)×(좋아하는 것+삶의 목표)$$

어때? 공식을 받아들일 수 있겠어?

믿음, 기술, 경험이 중요하다는 것은 주로 교육학자들이 이야기했어. 교육학자. 쉬운 말로는 선생님들이 했던 이야기지. 우리의 잠자는 아이들을 어떻게 할 것인가. 그 아이들에게 그들도 할 수 있다는 믿음을 심어주자, 기술을 가르쳐주자, 성공적인 경험을 할 수 있도록 도와주자. 선생님들은 아이들이 스스로에게 기대할 수 있도록 작은 씨앗을 심어주려 애쓰고 있어.

서점의 수많은 자기 계발서에서는 꿈을 찾으라, 너만의 목표를 세우라고 말해. 그들이 주장하는 것은 자신만의 가치를 찾으라는 말이겠지.

기대의 영역은 스스로도 가능하지만(믿음), 경험과 기술은 다른 사람이 쉽게 도울 수 있는 영역이야. 그래서 선생님들이나 학교에서 주목하는 부분이지. 가치에 대한 영역은 진로를 설계할 때 주로 쓰이기도 하고 말이야.

· · ·

의욕에 대해서 설명하면 꼭 이렇게 물어보는 친구가 있어.

"그럼 기대와 가치를 가지면 성공하나요?" "돈 많이 벌게 되나요?" "하고 싶은 것에 도달하게 되나요?"

음…… 그런데 의욕이란 건 엄밀하게 말하면 지금 현재의 상태를 말해. 현재 내가 의욕이 넘친다. 지금 내가 무기력하다. 이렇게 현재의 나의 기분, 상황, 태도를 의미하는 것이지. 지금 내가 의욕적이라고 해서 미래에 내가 꼭 성공을 한다고 말하기는 어려울 것 같아. 미래에 성공하고 싶다면, 지금의 의욕적인 상태와 태도가 지속적으로 유지되어야 하지. 쉽게 말하면 열심히 오랫동안 해야 성공한다는 것이지.

심리학에서는 최근 '그릿(끈기)'이라는 개념이 주목받고 있어. 왜냐구? 간절히 기도를 해봤어. 그런데 성공 못하더라고. 기술을 가르쳤어. 그런데도 성공 못 해. 학교에 다니면서 10년 이상 교육받은 경험이 있잖아. 그런데 왜 성공 못 하지? 주로 미국 교육에서 반두라를 중심으로 자기 효능감을 기본 교육 철학으로 삼았지만, 많은 사람들이 원하는 '성공'에 이르기에는 뭔가 부족해 보여. 사람들은 확실한 성공을 원하거든. 그래서 끈기라는 시간의 개념이 주목받지. 지금 의욕적인 것만으로는 성공할 수 없다. 성공에는 시간이 필요하다는 것이지. 공식으로 써볼게.

$$성공 = 의욕 \times 끈기$$

그런데 조심할 부분이 있어. 끈기라는 말이 부정적으로 쓰이는 경우가 있어. 누군가의 실패를 비판할 때면 "니가 노력이 부족해서 그래.""니 실패는 니가 노오오오오오오력이 부족하기 때문이야!"처럼 냉소적으로 쓰이곤 하지.

하지만 지금 말하는 끈기는 남에게 하는 말이 아님을 분명히 할게. 다른 사람을 돕고 싶다면 그 사람에게 기술을 가르치고, 작은 성공 경험을 쌓게 하고, 그래서 그 사람이 스스로에 대한 믿음을 가질 수 있게 도우라고 했지. 지금도 많은 선생님들은 이런 일들을 하고 계시지. 거대한 절벽을 오르기는 어려워. 하지만 계단이 있다면 이야기는 달라지지. 학생들이 도저히 넘을 수 없어 보이는 벽을 깎고 깎아 계단을 만들어 딛고 넘어갈 수 있게 하는 분들이 많이 계셔. 정말로 돕고 싶다면 계단 만드는 일을 해주어야 해.

끈기라는 것은 노력이 부족함을 비판하는 말이 아니라 시간의 개념이야. 의욕이 충만한 상태를 오랫동안 유지하면 성공에 이를 수 있다는 뜻이지. 이런 상태를 오랫동안 유지하는 데 무엇이 필요할지 고민해보면 끈기라는 결론에 도달한다는 거야.

그럼, 지금까지 이야기했던 무기력 공식들을 다시 한 번 정리해볼까?

①의욕=기대×가치

　①번 식에서 기대에 0을 대입하면 무기력

　0×가치=무기력

　①번 식에서 가치에 0을 대입하면 무기력

　기대×0=무기력

②기대=믿음+기술+경험

③가치=좋아하는 것+삶의 목표

　②번과 ③번식을 ①번식에 대입하면 아래 ④번 식

④의욕=(믿음+기술+경험)×(좋아하는 것+삶의 목표)

⑤성공=의욕×끈기

　⑤번식에 ④번을 대입하면 ⑥번식이 됨.

⑥성공=(믿음+기술+경험)×(좋아하는 것+삶의 목표)×끈기

4장

시간의 구조화 깨기

난 절대 안 돼!

무기력의 강력한 배후, 인생 각본

나의 과거, 현재, 미래 다시 보기

운명보다 우월한 시지프

아무리 사소한 성공일지라도

호피 인디언의 기우제

난
절대 안 돼!

"그렇게 저는 도전, 성실, 정직, 혁신이라는 신념을 가지고 끊임없는 변화를 추구했습니다."

멋들어진 수트를 입고 깔끔하게 가르마를 탄 중후한 얼굴의 강사가 TV에서 강연을 하고 있어. 또렷한 눈빛, 분명하고 자신 있는 말투에 누가 봐도 성공한 CEO라 생각할 모습이야. 단지 작은 문제가 있다면 그 모습을 우리 엄마가 복잡 미묘한 얼굴로 바라보고 있다는 것뿐이지.

이런…… 위기 상황이야. 도

왜…절 그런
눈으로 보는 거죠?

멋있

전, 성실, 정직, 혁신이라고? 나도 이것저것 도전해봤고 나름 성실하다. 거짓말도 거의 안 해. 솔직히 말은 저렇게 하지만 큰 회사를 운영하는 CEO보다는 내가 거짓말을 더 적게 했을 것이 틀림없어. 혁신? 음. 이건 저 CEO가 많이 했겠지. 아무튼 중요한 건 저 CEO의 강연이 아니라 그 강연을 보는 엄마의 눈빛이야. 강연자를 보고 나를 한 번 힐끔 보고 또 강연자를 보는 눈빛.

에휴, 그렇지 뭐. 세상에는 성공한 사람들이 많지. 그리고 우리는 알게 모르게 그들과 비교당해. 엄친아라는 말도 이제 옛말이야. 예전에는 옆집 누나, 오빠들이 비교 대상이었지만 오늘날 비교 대상은 세계적인 인물들이야. 빌 게이츠가 컴퓨터 하나로 어쩌고, 마크 저커버그가 재산이 몇십 조라고……. 동네에서 축구라도 하고 있으면 호날두나 메시와 비교하고, 노래라도 부르면 유명 가수가 비교 대상이야. 인터넷의 발달이 꼭 좋은 것만은 아니야. 비교도 국제적으로 당하니.

나를 기죽게 하는 그런 세계적인 인물들은 물론 열심히 살았을 거야. 빌 게이츠, 마크 저커버그 같은 사람들은 당연히 무지막지하게 열심히 했을 거야. 그런데 TV에서 보는 접시 닦기의 달인이나 마트에서 장 보는 카트를 백 개씩 끌고 다니는 카트의 달인, 음식 서빙의 달인들도 상당히 열심히 사는 것 같아. 심지

어 길 가다 종종 보는 폐지 줍는 할머니, 할아버지들도 뙤약볕에
도 열심히 일하시는 것 같아.

그래서 궁금해. 열심히 하면 성공할까? 뭔가 타고나야 할까?
운일까?

책 속의 성공한 사람들은 쉽게 성공한 것처럼 보여. 그런데 나
에게는 왜 어려울까? 당장 공부만 해도 그래. 솔직히 내가 하루
에 16시간씩 공부하지는 않지만, 나 나름대로 한다고 하는데 잘
안 돼. 여기서 커밍아웃 할게! 그래, 나 수포자야! 그런데 나만
수포자인가? 우리 교실에서 수포자는 반도 넘어.

· · ·

그런데 내가 진짜 낙담하는 이유는 뭔지 아니? 수학 시간에
오늘만 자는 게 아니기 때문이야. 어제도 잤고, 오늘도 자고, 내
일도 잘 거라는 불길한 예감⋯⋯. 이런 시간이 계속될까 두려
워. 그럴 때마다 초조하고 불안한 나머지 아무것도 하기 싫어.
'무기력' 속으로 풍덩 뛰어들고 말지. 나는 왜 이 모양일까? 이런
나는 정말 가망이 없는 걸까?

배후 세력이라는 말 들어봤어? 영화에 자주 나오는데, 나쁜

사람들이 자신들이 경찰에 잡히기 싫으니까, 협박하든, 돈을 주든 다른 사람에게 대신 일을 시키고 자신들은 아니라고 잡아떼는 경우 많잖아. 그게 바로 배후 세력이야.

아무리 노력해도, 최선을 다했는데도 아무것도 바뀌지 않는다면 나를 정말 괴롭히는 배후 세력이 있을 수도 있어. 눈에 드러난 부분이 아니라 우리가 노력하는 방향을 바꾸어야 할 수도 있어. 그럴 땐 잠시 멈춰 서서 생각해봐야 해. 우리를 괴롭게 만드는 진짜 범인은 누구인지 말야.

Y라는 학생을 계속해서 괴롭힌 학생들이 강제 전학을 가게 되었어. 그런데 눈에 보이는 가해자 학생들이 없어진 이후에도 교묘하게 괴롭히는 아이들이 계속 있었어. 알고 보니 드러나게 Y를 괴롭히는 학생들 뒤에서 X라는 학생이 Y를 괴롭히라고 조종하기 때문이었어. 이 X라는 배후 세력이 없어지지 않는다면 Y의 학교생활은 계속 힘들 수밖에 없을 거야.

우리가 괴롭기를 바라는 배후 세력은 대체 무엇일까? 우리의 노력이 배후 세력까지 도달하지 않는다면 우리의 노력은 표면에 머무를 뿐이야. 잠시 변하는 것처럼 보여도 결국 원래 상태로 돌아올 수밖에 없어.

．．．

여기서 잠깐 퀴즈 하나 낼게. 초보 운전자와 베테랑 운전자의 차이는 뭘까?

초보 운전자는 늘 생각하고 판단한 후에 행동한다는 거야. 이 신호에 가야 하나 멈춰야 하나, 빠르게 가야 하나 느리게 가야 하나, 늘 생각을 해야 해. 하지만 운전을 잘하는 사람들은 운전이 몸에 익어 있어. 판단을 하지 않아도 자연스럽게 운전을 할 수 있지.

같은 행동을 반복해서 몸에 익은 행동, 즉 습관이 되면 우리는 많은 에너지를 쓰지 않고도 뭔가를 할 수 있어. 초보 운전자처럼 늘 판단하고 생각을 많이 해야 한다면, 우리의 뇌는 너무 많은 에너지를 계속해서 써야 해서 금방 피곤해질 거야. 하지만 반복해서 습관이 된 행동은 마치 자동으로 움직이는 것처럼 할 수 있어. 그때의 뇌는 거의 에너지를 쓰지 않는다고 해.

생각도 마찬가지야. 힘든 일을 겪어도 긍정적으로 생각하는 사람들을 보면 어떻게 모든 것을 긍정적으로 생각할 수 있을까 싶을 때도 있어. 그런데 그 사람들은 긍정적으로 생각하는 것이 습관이 된 거야. 그래서 어떤 힘든 일이 있어도 자동적으로 그

일의 긍정적인 면을 볼 수 있게 되는 거지.

쉽게 말하면 긍정적인 사람은 습관처럼 긍정적으로 살고, 부정적인 사람은 습관처럼 부정적으로 산다는 거야. 어찌 보면 무서운 말이지. 특별히 노력해서 고민하거나 외부에서 강력한 메시지가 들어오지 않으면 우리는 늘 하던 대로 생각하고 살던 대로 살아. 왜냐고? 그게 편하니까. 우리의 뇌는 꽤 효율적이거든. 어떻게 매번 긴장하고 고민하며 살아. 매 순간 고민하는 건 너무 피곤한 일이잖아.

. . .

우리가 무기력을 겪는 이유도 마찬가지야. 무기력할 수밖에 없는 생각의 습관이 있기 때문이지. 바로 배후 조종 세력이야.

'난 절대 안 돼!' '나란 애는 언제나 그러고 말거야!' '성취할 때까지는 쉴 수 없어!' '지금 좋은 것을 얻어도 내일 나쁜 일을 겪고 말겠지.' '다 끝나서 이제 무엇을 해야 할지 모르겠어…….'

네가 말이야, 무기력하다고 생각될 때 이런 무의식에 사로잡혔다고 의심해본 적은 없니?

이 무의식 모델들은 에릭 번의 교류 분석 이론에 나오는 '인생

각본'의 일부야. 내 안에 저기 깊은 곳, 무의식의 영역 어딘가에
서 쓰여 나를 무기력으로 끌고 가는 시나리오 말이야. 영화의 시
나리오 같은 거냐고? 그래, 그렇게 말할 수도 있어. 여러 역할을
잘 소화할수록 명배우라고 하잖아. 지난번에는 길거리에서 캐스
팅했나 싶은 깡패였는데, 이번에는 지고지순한 남자 주인공 역
으로 관객의 눈물을 쏙 빼놓는……. 그런데 이런 시나리오, 그
러니까 실패자 '인생 각본'으로 하는 나의 연기는 말이야, 늘상
한 가지야. 그것도 결론은 언제나 무기력으로 마침표를 찍는 우
울한 시나리오지.

# 무기력의 강력한 배후, 인생 각본

이제 무기력으로 가는 실패자 '인생 각본' 이야기를 할게. 그러다 내 이야기를 발견하면 어떡하냐고? 내가 그런 사람이어서 무기력할 수밖에 없다는 '인증' 같다고?

아니야, 지도를 알아야 탈출할 수 있는 거잖아. 내면 깊은 곳의 무기력으로 이끄는 나의 지도를 찾으면, 이제 여기서 빠져나갈 지도도 그릴 수 있는 거야. 자, 두 눈 반짝 뜨고 찾아보자고!

먼저 가련한 영웅 탄탈루스의 이야기야.

그리스신화에 나오는 이 영웅은 제우스의 저주를 받아 지하세계의 연못 한가운데 서 있어. 얼핏 보면 그는 멋진 곳에 있어.

머리 위에는 먹음직한 과일이 주렁주렁 열려 있고, 발밑에는 맑은 연못이 찰랑거리고 있어. 그런데 배가 고파서 먹으려 하면 어느새 과일은 손이 닿지 않는 곳으로 쑤욱 올라가고, 목이 말라 물을 마시려 하면 발밑의 연못은 저만치 물러나버려. 그래서 탄탈루스는 영원히 갈증과 배고픔에서 벗어날 수 없어. 바라는 게 눈앞에 있지만 결코 가질 수 없단다. Never!

2kg만 빼면 인생이 변한대, 식사 습관만 바꾸면 살이 쭉쭉 빠진대……. 이런 다이어트 성공 스토리를 보면 살 빼기는 무지 쉬워 보이는데 왜 그렇게 안 될까? 문제는 '오늘 당장!'이 안 된다는 거지. 그래서 다이어트를 번역하면 '내일부터!'라잖아.

잘 생각해봐. 혹시 그동안 다이어트 말고도 '~할 거야'가 너무 많지 않았니?

책상 정리부터 하고 할 거야. 지우개부터 사고 할 거야. 노트부터 정리할 거야. 언젠가 할 거야……. 마음은 중간고사 10점 up! 올 여름엔 가느다란 팔뚝! 그런데 발은 움직이지 않고, 마음은 '할 거야'랑 '내일부터'로 시끌시끌하다면? 목표는 손에 잡힐 듯한데 실천에 못 옮기고 있다면?

빙고! 너는 'Never 각본'에 이끌리고 있는 거야.

• • •

다음은 저주 받은 아라크네 이야기야.

아라크네는 베 짜는 솜씨가 매우 뛰어났어. 어느 정도였냐면 아테나 여신과 경쟁해도 이길 수 있다고 큰소리를 뻥뻥 쳤지. 이 말을 듣고 화가 난 아테나는 노파로 변장해 아라크네와 베 짜기 경쟁을 했어. 과연, 아라크네의 솜씨는 훌륭해! 그런데 이게 뭐지? 신들의 부끄러운 이야기를 문양으로 짰잖아. 경고도 무시하고 아라크네는 직진! 이런 방자한 인간을 그대로 둘 수 없었던 아테나의 분노로 아라크네는 미쳐서 목을 매달아 죽게 되었지. 그런데 뒤끝 작렬하는 아테나는 아라크네를 그냥 죽도록 두지

않고 거미로 변하게 했어. 거미가 된 아라크네는 자신의 몸뚱이에서 실을 뽑는 벌을 받게 되었어. '언제까지나' 거미줄이나 치라는 벌.

'언제까지나 각본'에 따라 사는 사람들에게는 종종 아테나 같은 비정한 부모가 있지. 부모로부터 이런 메시지를 받았다고나 할까?

'그런 짓을 하는 아이는 내 자식이 아니다!'

부모의 노여움을 사고 언제까지나 그 벌에서 풀려나지 않는 비극의 주인공 같다고나 할까? 결국 사고 치고 또 사고 치고……. 벗어나지 못하고 계속 구렁텅이 속에서 늘 같은 삶을 살아가는 거야.

소위 일진 그룹에 속해 있던 동혁이라는 아이가 있었어. 한 무리의 아이들이 어깨에 힘을 빡! 주고 어울려 다니지만 사실 동혁이는 그 무리의 아이들 중에 지위가 좀 낮았다고나 할까? 일진 그룹 내의 찐따, 꼬봉 이런 개념의 아이였지.

아이들끼리 모여서 다 같이 담배를 피워도 결국 걸리는 건 항상 동혁이였어. 다른 아이들은 이리저리 빠져나가고 도망가고 핑계대는데 동혁이는 그런 걸 잘하지 못했거든. 같이 어울려 다니는 아이들도 어떻게 보면 동혁이를 친구로 여기는 것 같지 않았어. 적당히 어울리고 적당히 이용하기도 하고. 주변에서 친구들이나 선생님들, 부모님도 모두 말렸지만 동혁이는 그래도 그 친구들하고 어울리는 게 좋았나 봐.

고등학교에 가서도 그런 아이들하고 어울리면서 여전히 꼬봉 노릇을 했대.

졸업하고 달라졌냐고? 아니! 여전히 노는 아이들과 어울리다가 폭력 사건에 휘말렸는데, 다른 아이들은 이리저리 도망가고 동혁이만 잡혀 결국…….

왜 이렇게 동혁이에게는 안 좋은 일이 반복되는 걸까? 그것도 늘 같은 모양새로 말이야. 동혁이 자신은 그토록 벗어나고 싶어 하는데 도대체 왜 같은 상황이 반복되는 것일까? 동혁이는 어떻게 해야 할까?

시련은 영웅에게도 있었대. 그리스신화 속 영웅 헤라클레스는 올림포스의 최고 여신 헤라가 그를 지독하게 미워해서 끊임없이 시련을 겪어야 했어. 어느 정도냐 하면 어느 날은 헤라클레스를 미치게 만들어 끔찍한 일을 저지르게 해. 광기에 사로잡힌 헤라클레스가 그만 사랑하는 아내와 세 아들을 활로 쏘아 죽이게 된 거야. 가련한 헤라클레스는 엄청난 죗값을 치르기 위해 에우리스테우스의 노예가 되었어. 그 뒤 그가 시키는 몹시 괴롭고 힘겨운 노역을 해야만 했어. 그것도 열두 가지나! 머리가 아홉 개인 괴수 히드라를 죽일 것, 케리네이아의 암사슴을 생포할 것, 게리온의 황소 떼를 데려올 것 등등…….

사랑하는 가족을 죽인 죗값을 치르는 일이니 절대 쉬운 노역을 주지는 않았겠지? 그런데 열두 가지 노역보다 더 끔찍한 건 이 노역을 모두 마치기 전까지는 잠시도 쉴 수 없다는 거야. 임무를 하나하나 처리하는 것도 벅찬데 잠깐잠깐 쉴 수도 없다니. 생각만 해도 숨이 막히지 않니?

'~(때)까지 각본'을 가진 사람들의 무의식에는 이런 메시지가 늘 따라다녀. '성취할 때까지 쉬어서는 안 된다!' '재산을 10억 모을 때까지 여행은 갈 수 없어.' '집을 살 때까지 외식은 금지.' '서울대를 가기 전까지 4시간 이상 잘 수 없어.' 이런 생각 말이야.

'~(때)까지 각본'에 사로잡히면 열심히, 좀 더 열심히, 노오오오력해서 목표를 이룰 거라고? 그래, 그럴 가능성은 커지겠지. 그러나 무시무시한 건 이 각본에 매여 있는 한 '지금, 여기'에서 행복할 수 없다는 거야.

목표를 위해 행복을 미뤄두지만 미뤄둔 행복은 쉽게 찾아지지 않거든. 설사 목표를 달성했다 해도 행복은 금세 파랑새처럼 포르르 날아가 다른 목표의 포로가 되고 말지.

4시간만 자면서 공부해 서울대 간 우리 삼촌 얘기해줄까? 우리 삼촌은 정말 열심히 노력해서 서울대에 붙었어. 가문의 영광,

학교의 자랑, 그랬지 뭐. 그런데 삼촌 이야기가 그렇게 바라던 그 학교를 갔는데 너무 황량하고 추웠대. 고등학교 때는 제일 잘 나갔는데 서울대에 가니 자기보다 뛰어난 영재, 아니 천재 같은 아이들이 떡 버티고 있더래.

더구나 '고생 끝 행복 시작'일 줄 알았는데 이제 할아버지, 할머니는 로스쿨에 합격해 판검사가 되기를 바라시는 거야. 다시 또 노오오오력이 기다리고 있다는 사실! 생각만 해도 지쳐서 쓰러질 것만 같지?

· · ·

'~(때)까지 각본'의 반대는 어떤 이야기일까?

'지금 좋은 것을 먼저 얻을 수 있어. 하지만 내일 나쁜 일을 겪음으로써 이를 갚아야 되겠지' 하는 메시지야.

이 각본의 예는 그리스의 다모클레스 이야기에서 볼 수 있어. 그는 아름다운 궁전에서 값진 물건에 둘러싸여 살았어. 식사 시간에는 온갖 맛난 음식들이 식탁에 올라오고 먹고 마시고 즐기면서 살았지. 그런데 그는 행복하지 않았다는 거야. 호화로운 연회를 즐기는 그의 식탁 위에는 글쎄, 칼이 한 자루 매달려 있었

다지 뭐야. 그것도 말총 한 가닥에 묶여 아슬아슬하게……. 언제 왕의 머리 위로 떨어질지 모른다는 거지. 그래서 화려한 궁중 생활에도 불구하고 다모클레스는 끝없는 고통 속에서 살았대.

"지금은 즐거워. 그러나 그 후에(After) 재난이 일어날 것임에 틀림없어."

우리 주변에도 다모클레스가 많아. 아직 일어나지 않은 미래의 일을 미리 걱정하느라 오늘을 누리지 못하는 사람들.

걱정은 아이라고 비켜가는 게 아니라서 과테말라에서는 '걱정 인형'을 만드는 풍습이 있었대. 아이가 걱정이나 공포로 잠들지 못할 때 엄마, 아빠가 아이에게 주는 선물이라고 해. 아이가 걱정 인형에게 걱정을 말하고 베개 밑에 넣어두면 부모가 그걸 치운 뒤에 이렇게 말해준대.

"네 걱정은 인형이 가져갔단다."

듣기만 해도 마음이 푸근해지지? 너도 하나 갖고 싶다고? "걱정일랑 내게 맡겨. 너는 푹 자"라고 속삭여주는 걱정 인형이 필요하다고? 이것도 걱정, 저것도 걱정, 그러다 자주 눈물이 떨어지며 불안해진다면……. 그럼 단단히 의심해봐야 해. 너를 사로잡은 것이 'After 각본'이 아닌지.

• • •

이런 사람들 이야기 들어봤니? 걱정이나 불안에 빠진 건 아니야. 더구나 자기 기준으로 열심히 살았어. 그런데 그다음 어떤 그림을 그려야 할지 몰라 행복하지 않은 사람들. 그러다 무기력에 빠지는 사람들.

이 이야기는 그리스신화 속 노부부 필레몬과 바우시스 이야기에서 볼 수 있어. 그들은 제우스와 헤르메스를 극진하게 대접한 보답으로 엄청난 선물을 받았어. 오두막에 살다가 하루아침에 화려한 신전에서 살게 되었지! 그리고 나서 더 무엇이 필요하냐는 질문을 받고 이렇게 대답해.

"아무런 바람도 계획도 없습니다. 그저 아내와 같이 여생을 제우스 신전의 신관으로 지내다 어느 한쪽이 먼저 죽으면 남은 쪽이 너무 슬프니 부부가 함께 죽게 되기를 바랄 뿐입니다."

이 각본은 지시를 충실히 지켜서 의무를 수행하는 것만을 목적으로 살아온 사람들이 가지고 있어. '무계획(Open-ended) 각본'이라고 하는데, 의무가 끝난 이후 어떻게 생활시간을 설계하면 좋을지 모르게 되는 경우를 말해. 자식이 독립한 후 혹은 자신이 정년퇴직한 후에 어떻게 할 것인지 각본에 없어 당황하는 거야. 주부들의 빈 둥지 증후군이나 직장인들이 정년퇴직 후 우울증에 빠지는 경우가 이런 거야.

〈SKY 캐슬〉이라는 드라마 속 예서 엄마가 이런 각본에 사로잡힌 예라고 할 수 있지. 예서 엄마는 늘 말해.

"우리 예서 서울대 의대만 가면……."

그리고 모든 걸 유보하고, 모든 걸 감수하고, 모든 걸 걸어. 심지어 범죄도 마다하지 않아. 왜? 딸이 서울 의대만 가면 되니까. 드라마는 뜻밖의 결말로 치닫지만, 만약 현실에 예서 엄마가 있다면 어떨까? 예서가 의대에 가면 엄마도 꽃길만 걸을까?

의대 공부는 예서가 할 테니까 엄마가 할 건 아니고……. 예서 엄마는 아마도 '이제 나는 무엇을 해야 하지?' 하며 갑자기 가슴이 텅 비어버린 듯 무기력에 빠지지 않을까?

인생 각본에는 이러이러하게 나의 인생이 흘러가고 이런 상황들이 반복될 거라는 생각이 밑바닥에 깔려 있어. 현재를 보며 과거를 돌이켜보니 그때도 무기력했고, 미래에도 그 흐름대로 흘러가 반복될 거라는 생각 말이야. 과거, 현재, 미래가 꽉 막힌 하나의 세계가 되어 무기력한 삶은 더욱 굳건해지고 말아.


여기서 혹시 네 이야기를 찾았니? 어쩌면 이 이야기들 중에 하나가 아니라 두 개, 세 개가 섞인 게 네 이야기일 수도 있겠지. 그런데 그리스신화 속 인생 각본은 네 이야기가 아니라고?

# 나의 과거, 현재, 미래
# 다시 보기

중2 서영이는 그리스신화보다 멜로드라마랑 더 친해. 특히 야
성적인 나쁜 남자와 부드러운 쿠키 같은 남주가 여주를 두고 사
랑 다툼을 하는 스토리를 너무 좋아해. 그러다 보니 서영이는 두
캐릭터의 남주가 자기를 동시에 사랑하는 불같은 로맨스를 꿈
꿔. 그러니 당연히 두 남자 모두가 한눈에 반할 넘넘 이쁜 여주
가 되고 싶어서 외모를 많이 관리하고 신경 쓰지. 살이 좀 쪘다
하면 다이어트는 필수, 비비크림에 아이라인까지 샘들 눈치 살
짝살짝 봐가며 화장은 점점 진해져. 쉬는 시간 틈틈이 메이크업,
종례 시간 담임샘 잔소리 중간중간 파운데이션 톡톡톡~. 이쁘
고 더 이쁘고 너무 이쁜 걸이 될 거야, 이 세상 모든 남자들이 한

눈에 반하도록.

그런데 이런 날이 있잖아. 거울 속 내 얼굴이 거지 같아. 눈도 코도 입도 다 맘에 안 들어. 그런 날은 정말 말도 하기 싫어 마스 크를 덮어쓰고 하루 종일 보내. 예쁘지 않은 얼굴은 보여줄 수 없으니까.

서영이는 드라마 속 여주처럼 살고 싶다는 의욕이 넘쳐 다행 이지 않냐고? 그래, 연예인 닮은 미모에 가치를 두니 예뻐지려 는 의욕이 살아 있지. 그런데 문제는 연예인처럼 예뻐야 한다는 거야. 쾌활하고 배려심 많아서 서영이가 예쁘지 연예인 닮아 예 쁜 건 아니거든. 그래서 서영이 마음은 늘 불만이야. 이제 성형 수술밖에 답이 없는 걸까? 수술해도 원하는 얼굴이 안 나오면?

얼굴은 고쳐도 키가 안 크면? 서영이는 드라마 속 여주가 아니라 자신을 무기력으로 몰고 가는 몹쓸 인생 각본 속 주인공이 되고 만 거야.

또 웹툰을 좋아한다면 웹툰에서 너의 이야기를 찾을 수도 있겠지. 우리 반 이준이는 잘 보는 웹툰의 근육질 반전 매력 주인공이 인생 캐릭터래. 근데 뜻대로 안 돼서 주욱 좌절 모드라나 뭐라나, 풋.

· · ·

그리스신화에서든 드라마에서든 웹툰에서든 너를 배후 조종하는 인생 각본이 무엇인지 찾았다면 다행이야. 인생 각본의 어떤 이야기 구조가 너를 무기력하게 하는지 알았다면, 너는 무기력의 늪을 빠져나가는 황금 열쇠를 득템한 거야.

배후 조종 세력을 찾았다면 이제 이 녀석을 처치할 차례야. 녀석을 이기려면 뭐가 제일 필요할까? 핫한 아이템? 좋은 길목 찾기? 정답은 최. 적. 화.

슈팅 게임하다 컴퓨터 렉 걸리면 끝이잖아. 그래서 1분 1초를 앞서기 위해 컴퓨터를 최적화하듯, 배후 조종 세력을 무찌르려는 너 자신을 최적화해봐. 내가 제일 잘나야 한다는 지나친 이기심도 버리고, 남들의 평가에 지나치게 얽매여 받은 쓸데없는 수치심도 떨치고 오로지 너에게 집중해봐. 어때? 충전 끝났니? 용기 만렙 파란불 들어왔지? 그럼 이제 시~작!

'난 절대 안 돼!'란 인생 각본에 매여 있다면 '할 수 있어!'로 바꾸어보는 거야. 이불을 걷어차고 벌떡 일어나 무언가를 시작하자고. 시작이 반이라는 말도 있잖아. 롸잇 나우! 당장 Start!

'나란 애는 언제나 이러고 말 거야!' 이렇게 울고 있다면 눈물을 닦고 네게 소리 질러야 해. '이제 그만!'

나쁜 건 그만할 수 있어. 정말 완전히 확 바꿔야 해. 지금 여기를 떠나 멀리 넓게 바라봐. 새로운 친구들을 만나거나 색다른 환경을 찾아보는 것도 강추!

'무엇인가 성취할 때까지 쉬어서는 안 돼!'

이렇게 쉬지 않고 달려왔니? 지치고 힘든 너를 쓰담쓰담해줘. 쉴 때가 아니라고 닦달하지만 말고. 이제는 조금씩 네 생활에 쉼표를 만들어봐. 목표를 버리라는 게 아니야. 목표가 완성되지 않았어도 조금씩 쉬어가고 즐겁게 놀면서 가보는 거야. 땀도 닦고 목도 축이면서.

늘 불안했던 너. '지금 좋은 것을 얻어도 내일 나쁜 일을 겪고 말겠지.' 이런 생각이 너를 붙잡았다고? 사람들이 하는 걱정 중에 97%가 일어나지 않을 일이래. 나머지 3%도 내일 해야 할 걱정이고. 지금 여기서 뭘 하냐고? 그야 순간순간 성실하고 즐겁게 지내면 그만이지. 그러다 보면 네게 힘이 생길 거야. 어떤 걱정이든 맞설 힘!

'다 끝나서 이제 무엇을 해야 할지 모르겠어…….' 이렇게 안절부절못하고 있었다면 '지금의 인간관계나 일이 전부가 아니야. 새로운 것을 찾아봐야지' 하며 상쾌한 바람을 맞을 준비를 하는 거야. 새로운 도전으로 고고!

그런데 이쯤에서 이런 생각이 들 수 있어. 어떻게 사람 생각을, 기존의 가치관을, 지금까지 내가 살았던 인생 각본을 한번에 바꿀 수 있어?

생각은 해도 몸이 움직이지 않고, 그래야 하는 줄 아는데 마음도 안 내켜. 눈은 어디를 봐야 할지 알겠는데 어느 길로 가야 할지 모르겠어. 여전히 이렇다면 말이야, 그러면 잠시 앉아서 천천히 쉬며 '다시 보기'부터 해보는 게 어떨까? 너의 인생 각본을 다시 보고, 네가 걸어온 길을 다시 보고, 네가 부끄럽고 마음에 안 들 때의 너를 다시 천천히 살펴보는 거야.

# 운명보다 우월한
## 시지프

오른쪽에 있는 그림을 한번 볼까? 엄청 힘겨워 보이지?

누구인지 알 거 같지? 그래, 맞아. 이 사람은 그리스신화 속 시지프(시시포스의 프랑스어 이름)야. 바위를 산꼭대기까지 굴려 올리는 형벌을 받은 사나이. 그런데 벌은 한 번으로 끝나는 게 아니지. 거대한 돌을 들어 올려 산비탈로 굴려 올라가면 돌은 순식간에 아래로 굴러떨어져. 그러면 다시 돌을 끌어올려야 하는 거야. 끊임없이(Over and Over).

이런 가혹한 형벌이라니. 그런데 프랑스 소설가 알베르 카뮈는 비극의 주인공 시지프를 새롭게 해석해 《시지프의 신화》를 썼어. '행복한' 시지프로.

카뮈는 시지프가 기나긴 노력 끝에 바위를 올리고 순식간에 아래로 굴러떨어지는 것을 바라본 뒤 다시 들판으로 되돌아 내려오는 걸음을 주목해. 얼마나 절망스러울까? 그런데 파국으로 내쳐질 것 같은 그 걸음을 카뮈는 이렇게 읽어.

나는 이 사람이 무겁지만 한결같은 걸음걸이로, 아무리 해도 끝장을 볼 수 없을 고통을 향해 다시 걸어 내려오는 것을 본다. 마치 내쉬는 숨과도 같은 이 시간, 또한 불행처럼 어김없이 되찾아오는 이 시간은 곧 의식의 시간이다. 그가 산꼭대기를 떠나 제신의 소굴을 향하여 조금씩 더 깊숙이 내려가는 그 순간순간 시지프는 자신의 운명보다 더 우월하다.

어때? 이렇게 읽으니까 시지프는 더 이상 비참한 사나이가 아니지? 힘겨운 운명에 한결같이 맞서는 그 발걸음은 무겁고도 숭고해. 그가 내려오는 들판에 상쾌한 흙내음이 느껴져. 짧은 순간이지만 다시 돌을 들어 올리기 전 불어오는 한 자락 바람은 더없이 시원해.

한없이 비참해 보이는 시지프를 이렇게 바꾸어 읽듯이 너를 무기력으로 이끄는 인생 각본을 찬찬히 '다시 보기' 해봐. 어쩌면 싹싹 지워버리고 싶은 그 이야기 속에 너를 희망으로 이끄는 오솔길이 있을지도 몰라.

· · ·

중3 여학생 민지는 '언제까지나 각본'에 강하게 사로잡혀 있어. '언제나 친구들이 나를 욕해. 항상 나를 재수 없는 아이라고 말해'라고 말이야.

그러던 어느 날 민지에게 끔찍한 일이 벌어졌어. 같은 반 영환이가 자기를 보고 웃기에 "기분 나쁘게 왜 웃냐?" 하니까 "너보고 웃은 게 아닌데 뭔 상관이야? 이 ×××아!" 하며 욕을 한 거야. 민지는 눈물이 뚝뚝 쏟아지기 시작했어. 담임선생님 앞에서도 그칠 수가 없었어.

"민지야, 영환이가 너한테 한 욕은 쓰레기를 던진 거나 마찬가지야. 쓰레기는 가져야 할까, 버려야 할까?"

"버려야 해요."

"그렇지? 그런데 자꾸 생각하는 건 쓰레기를 보물처럼 간직하는 거나 마찬가지야. "

"그런데 저는 버리고 비우는 걸 잘 못해요."

"그래? 그걸 알고 있다고? 넌 내가 어떤 사람인지 살필 줄 아는 성숙한 아이구나. 안다면 바꿔야 한다는 것도 알겠네?"

어? 이게 뭐지? 갑자기 민지는 머리가 띵해졌어. '내가 성숙한 아이라고? 정말?'

민지의 '언제까지나 각본'은 친구들이 던진 모진 말을 부여잡고 스스로 만든 거였어. 영환이 일도 '나한테만 늘'이라는 생각에 사로잡혀 서러움이 폭발했던 거지.

그런데 민지의 마음 속에는 미처 몰랐던 보물도 있었어. 자신을 살펴주는 지혜로운 새 한 마리. '애야, 너는 재수 없는 아이가 아니야. 상처를 잘 받는 마음 여린 아이일 뿐이야.'

이제 민지는 이 새가 이끄는 대로 새로운 이야기 속으로 들어갈 수 있을 거야. 그곳은 분명 사람들과 편안하게 마음을 나눌 수 있는 햇살 따스한 곳일 거야.

• • •

혹시 너 지금도 과거를 돌이켜보니 무기력했고, 지금도 그러하고 앞으로도 여전히 무기력 속에서 헤맬 거라고 생각하니? 그렇다면 아래 문장을 소리 내 반복해서 읽어보렴. 그럼 너를 무기력에 이르게 하는 네 마음속의 지도, 그러니까 인생 각본을 바꿀 수 있을 거야.

'난 절대 안 돼' → '난 할 수 있어!'

'나란 애는 언제까지나 이러고 말거야!' → '나쁜 것은 그칠 수 있어. 이제 그만!'

'무엇인가 성취할 때까지는 쉬어서는 안 돼.' → '목표가 완성되지 않았어도 일단 휴식을 취하며 즐겁게 보내야지.'

'지금 좋은 것을 얻어도 내일 나쁜 일을 겪고 말겠지.' → '지금 여기를 자각하고 순간을 성실하게 즐겁게 지내야지!'

'다 끝나서 이제 무엇을 해야 할지 모르겠어.' → '지금의 인간 관계나 일이 전부가 아니니까, 새로운 것을 찾아봐야지.'

# 아무리 사소한
# 성공일지라도

좀 전에 얘기한 민지의 새처럼 네가 간직하고 있는 보물도 한 번 찾아봐. 너도 분명 보물을 간직하고 있을 거야. 옛날이야기 속 할머니가 건네준 파란 병, 하얀 병 같은 거 말이야. 위급한 순간에 뚜껑을 열어 위기를 헤쳐나갈 해결의 실마리.

옛날이야기의 주인공을 떠올려봐. 종종 얼간이에다 외모도 형편없고 뭘 해도 욕만 먹던 못난이 주인공들 있지? 근데 잘난 것도 가진 것도 없는데 무언가 작은 것을 얻거나 해내며 끝에는 성공하잖아?

브루노 베텔하임이 쓴 《옛이야기의 매력》에 보면 그런 이야기들이 소개되고 있어. 먼저 그림 형제가 쓴 〈세 가지 언어〉.

어느 백작이 미련한 아들을 유명한 선생 밑에서 공부하게 했대. 그런데 아들이 돌아왔을 때 배운 거라고는 고작 '개들이 짖는 소리를 알아듣는 법'이었고, 또다시 보내니 '새들의 말을 알아듣는 법'을 배워왔어. 몹시 화가 난 아버지가 으름장을 놓으며 마지막으로 다시 한 번 보냈지만, 아들은 '개구리가 개굴개굴 우는 것을 알아듣는 법'을 배워왔지.

결국 화가 난 아버지가 하인을 시켜 소년을 숲속에서 죽이라 했으나 하인은 소년을 놓아줘. 이제 방랑의 길을 떠나는 소년. 그런데 뜻밖에도 소년의 쓸모없어 보이는 재주가 가는 곳마다 엄청난 환영을 받아. 먼저 들개들이 너무 짖는데다 사람까지 잡아먹는 무시무시한 나라에 가게 되었는데, 소년은 개들의 말을 들어보고 어떻게 달래야 하는지 알려줘. 덕분에 그 나라는 평화를 되찾게 되었지. 소년의 다른 재주도 이런 식으로 요긴하게 쓰이게 되지.

이 이야기에서 하고 싶은 이야기는 동물의 소리를 알아듣는 것처럼, 사소하고 보잘것없어 보이는 성취가 인생의 풍성한 자양분이 될 수 있다는 거야.

이런 이야기들은 또 있어. 그림 형제의 〈호리병 속의 정령〉에서처럼 단지나 병을 하나 발견하거나, 〈장화 신은 고양이〉에서

처럼 동물과 사귀거나, 〈황금 거위〉에서 낯선 사람과 빵 한 조각을 나눠 먹는 것과 같은……. 꼭 하늘을 날아오르고, 거인을 무찌르며, 가장 힘세거나 아름다운 사람으로 외모가 바뀌어야만 훌륭해지는 건 아니야.

· · ·

자, 이제 옛날이야기의 주인공처럼 용감해져보는 거야. 잘나지 못해도 가진 거 없어도 쫄지 말고 길을 나서보자고. 설마 용기가 없다고 주저하는 건 아니지?

뭐 용기가 별건가? 무기력을 들여다보고 싶어서 이 책을 지금까지 읽고 있다면 넌 이미 용감한 거야. 너는 다른 누구 때문에 무기력하다고 탓하지 않았으니까 여기까지 왔잖아. 스스로 찾아 여기까지 책도 읽었어. 그건 너의 관심이고, 행동이며 선택이야. 그러니까 '용감한 아이' 인증 완료!

그런데 '용감하면 뭐해, 내겐 아무것도 없는걸' 하며 자꾸 누구에겐지 모를 원망스러운 마음만 드니? 그렇다면 말이야 까만 안경이 널 가리고 있는 건 아닌지 살펴봐야 해.

혹시 세상의 주인공은 나야 나, 거울아 이 세상에서 내가 제일 멋진 거 맞지, 이런 주문을 외고 있는 건 아니지? 칭찬 한마디에 금세 우쭐해져 하늘 높이 솟았다가 아주 작은 지적에도 땅속으로 푹 꺼지며 남들의 평가에 휘청거리는 건 아닐까? 그러면 인생의 대부분은 먹구름이 낀 듯 뭘 해도 안 되는 기분 나쁜 이야기 속 비호감 주인공이 되고 마는 거야.

생각을 살짝 틀어봐. 남들은 나를 칭찬하기 위해서 있는 게 아니라 함께 어울려 살기 위해, 조금 더 나아가 내가 돕기 위해 존재한다고. 내 작은 친절 덕분에 친구들이 기뻐하는 즐거움, 혹시 아니?

내가 열심히 필기한 학습지를 친구에게 빌려준 적이 있어. 내 글씨는 잘 쓰는 편은 아니어도 또박또박 알아보기 편하다고들 해. 덕분에 친구는 학습지 검사를 무사히 끝냈어. 그리고 나에게 와서 수줍은 듯 작은 목소리로 "고마워" 인사하는데, 친구에게 싱긋 웃어주는 내 마음도 한없이 뿌듯했지. 평소에 늘 정신이 없는 친구가 있어. 한번은 이 친구가 학습지 무더기 속에서 식단을 찾으며 '오늘 급식 메뉴 뭐지?' 하는 거야. 내가 "치돈!" 하고 알려줬더니, 내 목소리보다 백 배쯤 큰 "아싸~!" 하는 친구의 목소리가 바로 들려와 엄청 킥킥대며 웃었어.

어때? 이런 작은 일들을 하나하나 떠올려보니, 나도 썩 괜찮은 사람 같지 않아?

그런데 이 정도는 기분 전환일 뿐이라고 네가 여전히 고개를 절레절레 흔들 것 같구나. 애벌레에서 나비로 변하는 건 이야기 책에나 있는 거라고. 네 인생이 달라질 거라 믿지 못하겠다고. 너는 여전히 무기력할 수밖에 없다고.

깊은 무기력의 늪에서 좌절하지 않고 새로운 길, 새로운 인생 각본을 찾아 나비가 된 사람이 있어. 《삶에 단비가 필요하다면: 인디언 기우제 이야기》에 나오는 이야기 하나 들려줄게.

• • •

이 사람은 영국에서도 손꼽히는 부자집의 둘째 딸로 태어났어. 더없이 따뜻하고 사랑 넘치는 부모님이 계셨고 누가 봐도 부족할 것 없어 보이는 가정이었지. 그런데 그녀는 몹시 불행했어. 왜냐면 어릴 적 외모 콤플렉스가 너무 심해 자신을 괴물이라고 생각할 정도였거든. 그녀의 집은 대부호였기 때문에 방문객이 끊이지 않았는데 그게 너무 싫었어. 아래층의 만찬 자리에서 낯선 방문객과 마주치는 게 싫은데 차마 말을 못 하겠으면 몸까지 아파왔대. 심지어 일주일 내내 방에서 한 발자국도 나오지 않은 적도 있었고. 게다가 어쩐 일인지 어려서부터 원인을 찾을 수 없는 증상을 호소하며 늘 아팠어. 일 년 내내 침대 위에서만 생활할 때도 있었고. 그녀는 사는 게 너무나 고통스러워 서른한 살 어느 날 일기에 이렇게 적었대.

"나는 죽기만을 바랄 뿐이야."

하지만 그녀는 무기력에 빠져 있지만은 않았어. 무엇을 하지는 않아도 곰곰이 생각했어. 왜 이렇게 괴롭고 힘들까……. 결론은 외모 콤플렉스가 아니라 건강 때문이었어. 혹시 오염된 공기 때문에? 여기에 생각이 미치자 그녀는 그때부터 공중위생 책을 두루 읽으며 영국에서 앞서가는 공중위생 전문가가 되었어.

크림전쟁 동안 영국 군 병원에서 간호사로 근무했는데, 그때 행정가로서의 책무도 철저히 하며 병원의 위생 상태를 완전히 바꾸었어. 그 결과 기적이 일어났어! 병원의 사망률이 무려 42퍼센트에서 2퍼센트로 확 줄어든 거지. 그녀의 변화하는 힘은 계속 이어졌어. 의학 통계를 막대그래프로 표현했고 환자의 머리맡에 벨을 달아 호출을 놓치지 않도록 했지. 헌신적인 그녀에게 붙여진 별명은 '등불을 든 여인.' 부상병들이 잠에서 깨지 않도록 불빛을 낮게 비추며 병동을 돌아볼 때 그녀는 포근하고 친절했어. 더없이 아름다운 천사. 이제 더 이상 외모 콤플렉스가 그녀를 사로잡을 수는 없었겠지?

이 사람이 바로 현대 간호학의 창시자이며 군 의료 개혁의 선구자인 나이팅게일이야. 사람 앞에 나서길 극도로 꺼리며 난 절대 안 돼 하는 'Never 각본'에 사로잡혔지만, 이타주의를 통해 새로운 인생을 열어간 용감한 사람이지.

이타주의는 단순히 남을 돕는 거하고 다르대. 자기한테 필요 없는 것을 주는 게 아니라, 자신이 절실하게 원하는 것을 타인에게 주는 거라지. 그러면 그만큼 자신의 삶도 의미 있게 변하게 된다는 거야.

이렇게 나이팅게일이 이타주의로 자신의 'Never 각본'을 극복한 일은 어느 날 갑자기 벌어진 건 아니야. 길고도 고달픈 삶의 여정을 거친 후 비로소 애벌레 같았던 존재가 점차 아름다운 나비로 변모하게 된 거야. 외모 콤플렉스 덩어리에서 천사의 모습으로.

# 호피 인디언의
# 기우제

그래, 무기력한 삶에서 탈출하기를 기원하는 건 사막 한가운데서 비가 내리기를 기다리는 것처럼 막막한 일이야.

그런데 미국 애리조나주 북동부 사막지대에 사는 호피 인디언들은 말이야, 사막에서 비가 안 온다고 포기해야 할 만큼 적게 오거나 아주 안 오는 것은 아니라며 끈질기게 기우제를 지낸대. 언제까지? 비가 내릴 때까지. 그렇기 때문에 이들은 기우제를 지내면서 버티는 한, 반드시 비는 오기 마련이라고 굳게 믿고 있다는 거야. 그리고 이런 믿음이야말로 그들이 사막에서 오늘날까지 생존할 수 있었던 최상의 비결이었다는 말씀!

나의 과거와 현재를 펼쳐놓고 보았을 때 '무기력'이라는 연결고리로 엮으면 '딱?' 합체되는 느낌적인 느낌이 있지. 내가 무기

력이라는 나사로 틈새를 조여 꽉 짜버린 나의 시간들. 내가 짠
틀인 거 인정하지? 그럼 내가 깨고 나와야 하는 것도 쿨하게 인
정해.

　하지만 망치질 한 번으로는 깨지질 않아. 새로운 인생 각본이
생각 한 자락, 말 한마디로 완성되는 것도 아니야. 확실한 건 실
마리를 찾았으면 나의 걸음으로 나아가야 한다는 것! 나의 지도
는 나밖에 그릴 수 없으니까.

　나이팅게일을 다시 보자고. 그녀가 무기력에서 벗어난 첫걸

음은 '오염된 공기'였던 거 생각나지? 웬 갑분공기? 공기랑 무기력이 무슨 상관이 있다고? 주변에서 그 생각을 들었으면 이렇게 말했을지 몰라. 하지만 그녀는 새싹처럼 삐죽 내민 자신의 생각을 '그게 뭐라고' 하는 식으로 무시하지 않았어. 그 생각을 바탕으로 한 발짝씩 세상으로 나아갔어. 공기에서 시작해서 공중 위생으로, 군 의료 개혁으로 자신을 점점 넓은 세계로 내보낸 거야. 그렇게 움직이며 나이팅게일은 달라졌어. 사람을 피해 침대에 누워 있기만 했던 마음도 몸도 아팠던 무기력한 환자에서 '등불을 든 여인'으로, 또 군 의료 체계 개선을 제안하고 설득하는 뛰어난 행정가로.

　　　　• • •

　이제 무기력의 늪에서 벗어나보자고. 새로운 길로 향하는 발걸음은 희망으로 설레기보다 막막하기만 할거야. 새로운 나를 언제 만날 수 있을지 알 수 없는 기다림이고.

　나선다, 기다린다……. 어렵게만 느껴진다고? 별거 아니야. 어제도 살았고, 내일도 살 거고, 오늘도 사는 것뿐이야. 다만 샐러드에 소스를 뿌리면 더 맛나듯, 어제까지 '그냥' 살았다면 이제는 양념을 뿌려 새로운 에너지로 나를 충전해보는 거야.

　먼저 '유머'란 양념 어때? 나는 우리 반 '이상한 애야.' 내가 말만 하면 어이없다는 듯 나를 쳐다보는 아이들. 내 말이 뭐가 이상하지? 가끔씩 눈물 비슷한 게 치밀어오를 때가 있어. 그런데 생각을 바꾸면 별거 아니야. 나는 욕을 안 하고도 한 방 먹일 수 있는 '슬기로운 언어생활'을 할 뿐인걸. 내 유머 코드가 아이들과 다른 모양이지. 그럼 코드를 조금씩 바꿔보면 되잖아. 뭐가 문제야?

　'승화'란 양념도 괜찮지? 본능적 충동을 사회적으로 바람직한 목표로 바꿔주는 것 말이야. 화날 때 운동장을 뛰어 땀을 흠뻑 쏟아내고, 엄마 잔소리로 마음이 아파올 때 *끄적끄적* 그림을 그려보는 거야. 그러고 나면 마음이 한결 가뿐해져.

이렇게 사소하지만 나를 구겨진 채로, 아픈 채로, 상처받은 그대로 방치하지 않는 것. 그게 사막에서 기우제를 지내는 호피 인디언의 간절한 마음이야. 내 삶에 단비가 내리길 바라는 기우제처럼 자꾸자꾸 나를 돌봐주는 거야. 과거의 아픔에서 헤매면 현재로 끌고 와 '다 지난 일이야'라고 다독여. 미래가 불안하고 막막해 그냥 멍 때리고 있다면 '너 불안하니?' 하고 내게 말을 걸어줘야지. 그렇게 자꾸만 '지금, 여기'에 집중하는 거야. 그게 내 삶에 단비를 내리도록 하는 순간순간의 기우제야.

이 막막하고도 절실한 순간에 늘 함께할 친구가 있을까? 베프라도 똑같은 얘기 세 번만 하면 "야, 그만해!" 하고 구박하던데. 내 인생의 기우제에 한결같이 나와 함께할 친구가 있을까? 그런 친구가 꼭 있으면 좋겠는데…….

그런 친구가 있어. 전에도 있었고 지금도 있고 앞으로도. 나의 최고의 단짝이 될 수 있는 친구. 좋든 싫든 언제나 나와 함께 있고, 나의 장점과 단점에 대해 굉장히 많이 알고 있고, 어디에 있든 언제든 나의 마음을 가장 잘 알고 있는 친구. 누구일까?

바로 나 자신!

5장

자기 우정, 항상 내 곁에
있는 나

세 가지 자기 우정

단계별로 계단 오르기

오늘도 너에게 도움되게 살았니?

성공과 실패를 내가 어떻게 기억하는가

편안하게 마주하기

늘 희망을 찾아 나선 돈키호테

무슨 일이 있어도 지금보다 나아질 거야!

포기하지 않는 기다림

# 세 가지
# 자기 우정

지난번에 《혼란상자》에서도 얘기했듯이 청소년기는 '나'를 찾기 위해 충분히 혼란스러워야 하는 시기야. 나는 누구인가? 나의 정체성을 찾아가는 시기이지. 나의 성격, 특성, 내가 좋아하는 것, 잘하는 것, 흥미 있는 것, 하고 싶은 것, 그리고 나아가 왜 사는지, 어떻게 살고 싶은지, 무엇을 하면서 살고 싶은지 등등. 자신에게 질문하고 답하며 나를 찾아가야 해.

지금 나의 성장 과정에서 내가 딛고 올라가야 하고 올라갈 수 있는 계단이 무엇인지 말이야. 이렇게 자신에게 알맞은 계단을 오르는 성공 경험을 해나가다 보면 할 수 있다는 믿음이 생기겠지? 반두라는 이런 과정을 '자기 조절'이라고 했어. 푸코는 이것을 '자기 배려'라고 했고, 따돌림사회연구모임 선생님들은 '자기 우정'이라고 했어. 무기력에서 벗어나기 위해서는 이것이 중요해.

아무것도 하고 싶지 않고, 할 수 없을 것 같고, 숨만 쉬고 있을 뿐이지 마치 무생물처럼 살아가고 있을 때. 누구나 그럴 때 있잖아. 옆에 내 얘기를 들어줄 친구가 있다면, 그건 어쩌면 아직 그렇게 무기력한 상황은 아닐 수도 있어.

그런데 가족이나 친구 그 누구도 곁에 있지 않고, 이 지구상에 나 혼자인 것 같을 때, 그럴 때 나는 어떻게 해야 하지? 나도 나를 버려야 하나?

하지만 걱정하지 마. 그 누구도 혼자인 사람은 없거든. 누구나 내 곁엔 항상 내가 있지. 그래 바로 '나' 말이야. 떠나려야 떠날 수 없는, 나의 모든 걸 알고 있는 나. 다른 사람들이 나에게 뭐라고 한다 해도 그건 다 나의 일부분일 수 있어. 어떤 면만 보고 나쁘게 생각할 수도 있고, 어떤 면만 보고 좋게 생각할 수 있지.

하지만 나는 나의 모든 것을 온전히 알고 있잖아. 부족한 부분이 있지만, 어떤 능력과 힘, 장점이 있는지 말이야. 이렇게 좋은 친구가 어디 있을까? 힘들 때 나를 위로하고 격려해주고, 못 할 것 같은 일들도 '할 수 있다'고 용기를 주고, 아무것도 할 수 없을 듯 쓰러진 나를 일으켜 세워줄 수 있는, 늘 내 곁에 있는 친구.

어때? 정말 좋은 친구지? 그 친구랑 평생 사이좋게 잘 지내야 겠다는 생각이 들지 않니? 지금부터 세 가지 자기 우정, 자기 격려, 자기 세움, 자기 신뢰에 대한 이야기를 들려줄게. 어려운 상황들을 자기 우정을 통해 이겨낸 친구들의 이야기와 함께.

· · ·

첫 번째는 자기 격려야.

자, 친구들 거울 앞으로 가보자고. 다음 오른손을 모두 번쩍 들어봐. 그리고 내 머리를 스스로 쓰다듬어볼까? 그리고 말하는 거야.

"○○야, 네가 여기까지 왔구나. 그동안 얼마나 수고했는지 잘 알고 있어. 고생 많았어. 네가 이만큼 노력하고 해온 것만으로도 정말 훌륭해. 살다 보면 맑은 날도 있고, 흐린 날도 있는 것처럼, 뭔가 잘 안 되고 힘든 날도 있지만, 좋았던 날도 있잖아. 넌 잘할 수 있을 거야. 힘내, 파이팅!"

이렇게 말하고 오른손으로 내 왼쪽 어깨를 툭툭 치는 거야. 그러고 거울 속 나를 향해 주먹을 불끈 쥐어 보이는 거지. 어때? 벌써 힘이 나지 않니?

살아가는 순간순간 자기 격려가 필요한 장면은 아주 많을 거야. 자기 격려가 무엇인지 좀 더 알아보고 친구들의 경험을 들어볼까?

> 결과보다는 노력한 과정과 가치를 인정하는 게 중요해~

자기 격려란 실패하고 좌절했을 때, 자기 자신에게 용기를 주고 응원하는 것입니다. 자기 격려는 자기 칭찬과 다릅니다. 지나친 칭찬으로 자기에게 아첨하고 공치사하는 것은 근거 없는 자신감을 가지게 하고 또 다른 좌절을 가져옵니다. 그러나 자기 격려는 현실을 바탕으로 한 새로운 희망과 가능성을 보게 합니다. 우리는 결과가 아니라 노력한 과정과 가치를 인정해주어야 합니다. 특히 올바른 일을 하는 것에 대해서는 아무리 하찮은 일일지라도 크게 격려해야 합니다.

어릴 때 피아니스트가 되고 싶었던 친구가 있어. 한때 슬럼프가 와서 몇 년 동안 꾼 꿈이 허물어지려고 했을 때 '자기 격려'와 관련된 책을 우연찮게 읽게 되었대. 사실 슬럼프가 오기 전까지는 피아노를 정말 즐겁게 잘 쳤대. 그런데 한 콩쿠르에서 같이 경쟁한 예중 친구들이 정말 놀라울 정도의 실력을 가지고 있었던 거야. 그때 기죽은 이후로 아무리 연습해도 그 친구들을 이길 수 없을 것 같고, 피아노 치는 게 즐겁지도 않았어.

그러다가 스스로에게 '그 친구들은 예중에 진학한 친구들이고, 나보다 몇 배에 달하는 연습량을 가지고 있으니까 당연히 지금은 그 친구들이 더 잘 치겠지. 나도 꾸준히 연습하면 나중엔 그 친구들 못지않게 잘할 수 있을 거야!' 하며 자기 격려를 해주었대. 그랬더니 슬럼프도 극복하게 되고 더욱더 즐겁게 피아노를 칠 수 있었어. 만약 자기 격려를 하지 않았다면 여태까지 했던 노력들이 보잘것없어지고, 꿈도 없어졌을 텐데…….

자기 격려라는 것이 긍정적인 효과를 얻게 해주고, 안 된다고 생각했던 것을 할 수 있다고 생각하게 하는 대단한 능력이 있다는 걸 알게 되었지. 이 친구는 앞으로도 자기 격려를 계속 해나갈 거라고 해.

사람은 누구나 살면서 장애물을 맞닥뜨릴 때가 있어. 삶은 마치 높이뛰기와 같아. 내 목표를 나 자신이 뛰어넘었을 때, 그때가 비로소 나 자신을 성장시킬 수 있는 동력이 되는 거야. 물론 그 높이를

넘지 못하고 부딪힌다면 그것은 또한 다시 도전할 수 있는 기회가 되지.

"높이뛰기 대회에 나간 적이 있다. '난 이 높이를 뛰어넘을 수 없어'라고 생각했더니 진짜 그 높이를 뛰어넘을 수 없었다."

장대높이뛰기에 도전했던 친구의 이야기야. 친구는 긴 장대 앞에 다다르자마자 포기하고 싶은 마음이 먼저 들었대. 그래서 대회가 끝나고 생각했어.

'왜 겨우 이 높이를 뛰지 못했을까? 나는 그보다 5센티미터 낮은 높이도 성공했는데 말이야. 아주 조금만 더 가까이 도움닫기를 하고 힘껏 뛰어보면 할 수 있어. 지금은 그때보다 더 유연하잖아.'

그 뒤 이렇게 생각을 고쳐먹고 높이뛰기에 재도전했어. 도전 자체가 의미 있다고 스스로 격려했고, 결국 성공했어. 몸이 부들부들 떨리고 긴장되는 순간 옆에는 언제나 내가 있었던 거지. 나의 응원은 나에게 큰 힘이 되곤 해.

불가능을 가능으로 바꿔주는 '자기 격려'의 힘. 내가 나를 믿고 인정하는 것보다 더 큰 힘은 없어. 자, 다 같이 나의 어깨를 툭툭 두드려주고 주먹을 불끈 쥐고!

두 번째는 '자기 세움'이야.

'하늘은 스스로 돕는 자를 돕는다'는 말이 있어. 스스로 노력하는 사람에게는 하늘도 감동해서 그 사람을 돕는다는 말이야. 인간은 혼자 살아갈 수 없기 때문에 서로서로 도움을 주고받지. 주고받는 도움도 필요하지만 누군가의 도움을 받기 전에 스스로를 도와 혼자 일어날 수 있어야 해. 그게 먼저지. 이렇게 스스로

자기 자신이 스스로
일어서야 다른 사람도
돌볼 수 있는 거야.

자기 세움은 자신이 스스로 설 수 있도록 돕는 것을 말합니다. 힘에 부치는 일이나 부족한 면이 있을 때, 나의 부족함을 스스로 채우기 위해 최선을 다하며 혼자 설 수 있도록 자신을 일으키는 것이 자기 세움입니다. 실패하여 쓰러지고 좌절했을 때 다른 사람에게 쉽게 의존하거나 동정을 구해서는 안 됩니다. 자신을 격려하고 돌봐주며 내가 나를 일으켜주어야 합니다. 다른 사람을 돌보며 자신을 돌보지 않는다면 끝까지 함께할 힘을 잃게 됩니다. 자기 세움을 못하는 사람은 남의 노예가 되거나, 반대로 자신의 약점을 이용해서 남을 지배하고자 할 것입니다. 남을 진정으로 도울 수 있으려면 먼저 자기 자신이 스스로 바로 서야 합니다.

일어서본 사람은 어떤 무기력한 상황에 놓인다고 해도 다시 희망을 일궈갈 수 있을 거야. 자기 세움이 무엇인지 선생님의 말씀을 들어볼까?

얼마 전 인터넷에 이런 신문 기사가 올라왔어. 20년 동안 황무지에 수백만 그루의 나무를 심어 7㎢(약 214만 평)의 숲을 복원한 사연이야.

브라질의 세계적인 다큐멘터리 사진작가이자 환경 운동가인 세바스치앙 살가두와 그의 아내 렐리아 살가두의 이야기야. 상파울루 대학에서 경제학을 전공한 살가두는 사진에 흥미를 느껴 프리랜서 사진작가 일을 시작했지. 그는 국제분쟁과 기근이 끊임없이 발생하는 현장에서 유니세프와 국경 없는 의사회, 적십자 그리고 유엔 난민 기구들과 함께 작업하며 가난하고 고통받는 사람들을 존엄한 인간으로 표현하는 사진을 많이 찍었대.

하지만 그는 1994년 당시 르완다 집단 학살로 수십만 명이 잔혹한 정치의 희생양이 된 모습 등을 카메라에 담다가 증오는 증오를 낳는다는 사실을 깨달았어. 그 사건으로 사진작가의 일에 회의를 느껴 그만두게 되었고, 아내 렐리아와 함께 자신의 고향으로 돌아왔어.

그런데 고향에 돌아와보니, 어린 시절의 푸르른 목장과 숲은 모두 사라지고 황무지로 변해 있더래. 그 모습에 충격을 받은 그에게 아내는 함께 예전과 같은 숲을 만들자고 제안했고, 두 사람은 실제로 7km²의 황무지에 숲을 만드는 초대형 프로젝트를 계획하게 돼.

1998년 부부가 숲 복원을 위한 환경 단체 '인스티투토 테라(Instituto Terra)'를 세우자, 지역사회의 기업, 학교, 단체 등 도움의 손길이 줄을 섰다는 거야. 철광석 생산 회사인 발레와 산림 전문가들의 지원으로 묘목 10만 그루를 기증받았고, 1999년부터 지역 학교 학생들과 함께 황무지 일대에 심었어. 부부는 이런 노력으로 지난 20년 동안 거대한 황무지를 비옥한 숲으로 완전히 바꿔놨고, 지금까지 300종에 달하는 나무 수백만 그루가 심어지면서 보기 힘들어졌던 야생동식물들도 돌아왔대. 현재까지 확인된 조류는 170여 종, 포유류는 약 30종, 그리고 양서류 및 파충류는 15종으로 이들 동물 대다수가 멸종 위기에 처한 종으로 전해졌다고 해.

숲의 회복은 또 생태계와 기후 변화 완화에도 긍정적인 영향을 줘서 가뭄에 취약했던 지역의 샘이 되살아났고 기온 상승세역시 완화되었대. 비옥한 숲으로 변한 사진을 보고 싶으면 오른쪽의 QR 코드를 한번 찍어봐.

어때? 어려운 환경을 극복하고 황무지를 개척한 살가두의 이야기를 보니, 옆에서 막 응원해주고 함께 동참하고 싶지 않니? 황무지를 숲으로 바꾼다니, 현대판 우공이산 이야기라고 할 수 있지. 어리석고 무모한 듯하지만 먼저 앞장서니, 지역사회 단체, 기업, 학생 등 도움을 주려는 사람들이 뒤따르잖아. 스스로 돕는 자를 하늘이 도운 현실 사례라고 할 수 있지. 먼저 자신을 세우는 것이 중요한 이유야. 손 놓고 막연히 누군가의 도움을 기다리기보다는 내가 먼저, 스스로 일어설 수 있어야 해!

• • •

세 번째는 자기 신뢰야. 근자감이라는 말 있지? 근거 없는 자신감의 준말. 노력도 안 하면서 "전교 1등 별거 아냐" 하는 아이, 별로 대단할 것도 없으면서 뭔가 어깨에 힘을 주고 다니는 아이들을 보면 '근자감 쩐다'고 하지? 앞이 안 보이고 가능성도 희망도 없어 보일 때 자신감과 용기를 되찾으려면 뭔가 근거가 있어야 할 텐데, 우리는 어디에서 그 근거를 찾을 수 있을까? 그건 바로 자신의 능력과 가능성을 믿는 힘이지. 그걸 자기 신뢰라고 해.

어쩌면 나의 능력과 가능성은 어딘가에 꽁꽁 숨어 있어서 지금은 눈앞에 보이지 않을 수 있어. 다른 사람들은 "그런 근자감은 어디서 나오는 거냐?" 하고 비아냥거릴지도 모르지. 하지만 시간이 오래 걸리더라도 자기 신뢰를 잃지 않고 결국 이뤄낸다면, 아니 적어도 이뤄내려 끝까지 노력하는 모습만 보여주더라도 주변에서 다시 보기 시작할 거야. 결국엔 근거 '있는' 자신감이었다는 걸 눈앞에 꺼내서 보여주자는 거지.

자기 신뢰란 자기 자신을 믿어주고 의지하는 것을 말합니다. 자신이 가진 마음의 힘과 가능성을 믿지 않으면, 용기를 낼 수도 없고 아무것도 쉽게 결정할 수 없습니다. 자신의 잘못을 항상 경계하는 것과 신뢰하지 않는 것은 차이가 있습니다. 우리는 완전하지 않아서 실수할 수 있지만, 그것을 고치고 더 나은 길로 나가려고 노력하는 존재라는 사실을 믿어야 합니다. 때로는 내가 나를 못 믿고 있다는 사실을 알아차리고 인정하는 것만으로도 힘이 생기기도 합니다. 그것은 변화의 시작이며, 신뢰의 기초가 되어 힘을 가져다줍니다. 자기 신뢰는 우리 마음속의 기둥이기 때문입니다.

우리는 언제나 나아질 수 있다는 신뢰가 필요해~

슈퍼 히어로가 나오는 영화나 애니메이션들을 생각해봐. 대부분 주인공들은 시련과 고난을 겪지? 하지만 모든 주인공들은 어떠한 시련과 고난이 밀려와도 결국엔 모두 이겨내잖아. 주인공이라서 그렇다고? 그럼 당연하지. 주인공이니까 그렇지.

그렇다면 내 인생의 주인공은 누굴까? 바로 나잖아. 누군가의 조연이나 단역을 하려고 세상에 태어난 건 아니잖아. 다른 사람에겐 모르지만 적어도 나에겐. 고난 속에서도 포기하지 않고 자신을 믿고, 남이 모르는 나 자신을 발견하고 격려하며, 아무리 총칼을 많이 맞아도 결국엔 일어서서 악당들을 물리치는 주인공처럼. 결국엔 해낼 것이라는 믿음을 갖는 것이 중요해. 왜냐구? 나는 내 인생의 주인공이니까.

# 단계별로
# 계단 오르기

너희 여기까지 계속 책을 읽고 있지? 지금까지 책을 잡고 있다는 건 이미 '난 무기력에서 벗어날 마음의 준비가 되어 있어!'라는 이야기와 마찬가지야. 근데, 무기력이 대충 어떤 건지 알게 되었더라도 누구나 무기력에서 벗어날 수 있는 건 아니야. 이건 마치 '굿모닝' '땡큐' '익스큐즈 미' 이런 문장 몇 개 알고 있는 사람이 나 오늘부터 영어로만 대화할 거라고 말하는 것과 같아. 영어 단어 몇 개 알고 문법, 문장구조, 독해 몇 가지 할 수 있다고 해서 영어 회화를 잘할 수 있지는 않으니까.

무기력에서 벗어날 수 있다는 기대와 희망을 가지고 현재 나의 상태를 점검하고, 내가 현 상황에서 할 수 있는 노력의 단계

를 파악할 필요가 있지. 처음부터 너무 큰 목표를 세우고 접근
하면 쉽게 지쳐서 포기하게 될 수도 있거든. 그래서 자신이 정한
목표를 세분화해 목표를 계단처럼 설정해두는 거야.

이 계단처럼 설정된 목표를 한 단계 한 단계 성취해나가다 보
면 정상에 도달할 수 있게 되는 거지. 그런데 계단의 높이와 개
수를 정하는 것은 본인의 몫이야. 누군가가 정해주는 게 아니라
자기가 자신의 상황과 성향, 현재의 상태를 점검하고 확인해서
목표와 노력의 정도를 정해야 한다는 거지. 이러한 계단의 높이
와 개수를 심리학자 비고츠키는 근접 발달 영역이라고 했어.

같은 목표를 향해서 노력하더라도 어떤 사람은 한 계단의 높
이는 높게, 개수를 적게 해서 단시간에 정상에 도달할 수도 있

고, 어떤 사람은 시간이 많이 걸리더라도 계단의 높이를 낮추고 개수를 많이 해서 작은 성취를 이루며 정상에 도달할 수도 있지. 단계별로 계단을 오르는 방법도 다양하게 설정할 수 있다는 거야. 완벽하게 성취를 이루고 다음 단계로 이동할 수도 있고, 이해가 안 되지만 그냥 단순 암기를 하고 다음 단계로 이동할 수도 있을 거야. 계단을 이동하는 방법도 개인에 따라 다양할 수 있다는 얘기야.

· · ·

목표를 이루기 위해서는 계단의 높이와 개수를 본인이 정해야 한다고 했잖아. 이게 이론적으로는 이해하고 알 것 같은데, 구체적으로 내가 실행에 옮기려고 하면 막연해지는 게 사실인 것 같아. 그래서 헬렌 켈러 이야기를 해줄게.

헬렌 켈러는 아기 때 열병을 앓은 후에 시각과 청각을 잃었어. 그렇지만 그런 장애에도 불구하고 시청각 장애가 있는 사람 중 최초로 대학을 졸업해서 학사 학위를 받았고, 독일어를 비롯해 5개 국어를 구사할 수 있었다고 해. 헬렌 켈러는 자신의 장애를 극복했을 뿐만 아니라 다른 장애를 가진 이들에게 희망을 주는 많은 활동을 했어. 여성과 노동자를 위한 사회운동가이기도 했지. 또 작가로 활동하면서 많은 글을 남기기도 했어.

그런데 내가 만약 헬렌 켈러라면 장애를 극복하고 위대한 위인이 될 수 있었을까? 위인까지는 아니더라도 본인이 가진 약점을 인정하면서 일상생활을 스스로 할 수 있었을까?

이런 생각을 해봤는데, 결코 쉬운 일이 아니라는 생각이 들었지. 물론 헬렌 켈러 옆에는 훌륭한 앤 설리번 선생님이 계셨지. 그런데 앤 설리번 선생님의 헌신만으로 장애를 극복할 수는 없었을 거야. 시각, 청각을 다 잃고도 좌절해서 아무것도 할 수 없을 거라고 좌절하지 않고, 현재 처한 상황에서 할 수 있는 부분을 고민하고 생각해서 자신이 할 수 있는 것을 단계별로 찾아나갔어.

시각, 청각을 잃었으니 촉각을 이용해서 글자를 익히고, 사물의 윤곽을 형상화하면서 사물을 익혔어. 글자를 익히기 위한 근접 발달 영역을 촉각으로 설정하고 그에 충실한 노력을 한 거지. 글자를 익힌 후에는 점자 타자기를 이용했다고 해. 점자 타자를 익히기 전까지의 근접 발달 영역은 아마도 점자 타자기 익히기였겠지. 이런 식으로 자신이 할 수 있는 근접 발달 영역을 스스로 찾아 단계별로 극복해나간 거지.

．．．

아직도 잘 모르겠다고? 음…… 그럼, 수학 공부 이야기를 하면 금방 알 수 있겠다.

중2부터 수학을 공부하지 않아서 곱셈 공식, 인수분해, 이차방정식의 풀이를 익히지 못하고 고등학교에 간 친구가 있었어. 고등학생이 됐으니 큰맘 먹고 공부를 잘해보겠다 다짐했지. 그런데 본인의 다짐과는 달리 수학 시간에 수업 내용을 하나도 이해할 수 없었어. 3월에는 이해가 가지 않더라도 어느 정도 이해해보려고 나름 노력을 했어. 수업도 열심히 들으려고 했지. 그런데 4월이 되면서 3월 초의 다짐은 온데간데없고 수업 시간에 잠만 쏟아지는 거야.

학기 초의 긴장감이 풀리고 노력해봤자 되지 않을 것 같은 생각이 드니 몸에 힘도 빠지고 무기력해지는 거지. 이럴 때 정신을 바짝 차리고 곱셈 공식, 인수분해, 이차방정식의 풀이를 공부하지 않은 자신을 반성해야 해. 무기력하게 잠에 점령당하기 전에 현재 상황에서 자신이 할 수 있는 것을 찾아봐야 하는 거야.

'난 지금 아무것도 할 수 없어.' '잘하고 싶지만 기본 실력이 안 돼서 지금 공부할 수 없고 앞으로도 잘할 수 있을 것 같지 않아.'

'아마 지금 시작해도 남들보다 잘할 수 없을 거야. 그래서 지금 아무것도 안 할 거야.' 이렇게 생각하면 한 발자국도 발전할 수 없다는 거지.

'지금 조금 더디더라도 내년, 내후년을 위해서 지금 내가 할 수 있는 공부를 찾아볼 거야.' '곰곰이 생각해보니 중학교 때 배운 인수분해는 지금 할 수 있을 거 같아. 일단 그것부터 찾아보고 익혀야겠어. 그리고 중학교 내용이 좀 익숙해지면 고등학교에서 배운 내용을 예제만이라도 이해할 수 있도록 할 거야.' 이런 식으로 현재 나의 수학 실력을 점검해보고, 지금 내가 할 수 있는 부분을 작은 것 하나라도 찾아보는 거지.

어…… 근데 도저히 나 스스로 뭘 해야 할지 모르겠으면 선생님이나 부모님께 자문을 구해보는 것도 좋은 방법이지. 도움을 요청해서 조언을 듣고, 그 이후에 스스로 또 생각해보는 거야. 그래서 본인이 현재 상황에서 할 수 있는 근접 발달 영역을 설정해봐.

자, 그럼 우리 이걸 게임 미션이라고 생각하고 한번 해볼까? 이 미션을 다 클리어 하면 '무기력이 대체 뭐지?' 하게 될 거야.

첫 번째, 나의 현재의 상태 파악해 보기(성찰하기). 무기력에서 벗어나고자 하는 마음 다지기.

두 번째. 단계별 실천 과정에서 나의 문제점 다시 한 번 확인해보기, 실패했다고 포기하지 않기. 단계를 잘못 나눴다면 다시 수정해서 본인한테 맞는 근접 발달 영역 찾기.

세 번째, 편안하게 마주하기.

네 번째, 무기력에서 벗어날 수 있다는 희망을 갖고 스스로를 격려하며 용기내서 앞으로 나아가기.

이런 생각으로 무기력에 맞서다 보면 반드시 벗어날 수 있을 거야.

# 오늘도 너에게
# 도움되게 살았니?

어느 수업 시간에 한 아이가 자고 있었다. 선생님이 깨웠다. 부스스 일어나며 아이가 말했다.

"선생님들이 저는 학교에 나와주는 것만도 고맙다고 생각하는 것 같아요. 그래서 선생님들이 제가 자고 있을 때는 잘 깨우지 않아요."

"그래서 그게 좋으냐?"라고 선생님이 물었다. 아이는 동공 지진을 일으키며 한참 생각하더니 말했다.

"아니요."

　딩동댕동~ 7교시 마치는 종. 늘어지게 하품하며 몸을 일으켜 본다. 으악~ 내 앞에 얼굴을 들이대는 이 녀석은 도대체 뭐지?

　나야 나, 마리아이. "오늘도 푹 잤니?"

　아니, 이 녀석이 나를 지켜보고 있었던 거야?

　"근데 너 아까 보니까 눈가가 촉촉하던데 무슨 슬픈 꿈 꿨어?"

　참 지겨운 녀석이군. 근데 이 녀석에게 대체 뭘 들킨 거야?

　"너 잠자는 게 편한 게 아니구나."

　그래, 가끔씩 내 마음에 눈물이 흘러. 교실 책상인 듯, 의자인 듯 구겨져 잠만 자는 내가 나도 싫어.

그래, 눈물…… 눈물이었구나. 교실에서 잠만 자는 아이, 존재감 없는 아이, 그런 시선이 싫구나. 혹시 이런 노래 들어봤니?

너의 그 한마디 말도 그 웃음도
나에겐 커다란 의미

김창완 아저씨도 부르고 나중에 아이유도 부른 〈너의 의미〉란 노래야. 어때? 설레지 않니? 내가 누군가에게 이런 의미가 되다니. 쿵, 하며 심장 소리가 들릴 것만 같지? 아마도 사랑하는 사람이 커다란 의미로 다가온 순간을 그린 듯 해.

그런데 내가 '나의 의미'를 느끼는 그런 순간이 있을까? 삶의 의미가 절실하게 다가오는 순간은?

• • •

너무도 절박하게 그런 의미와 마주했던 곳이 있어. 그곳은 바로 1940년대 아우슈비츠를 비롯한 강제수용소. 특히 아우슈비츠는 무시무시한 독가스실에서 150만 유대인이 학살되었어. 가히 인간 도살장이라 할 만했지. 이런 강제수용소 안에서 끔찍한 고통과 마주하면서도 인간이기를 포기하지 않았던 한 사람이 있었어. 바로 정신과 의사이자 심리학자인 빅터 프랭클이야. 그는 강제수용소에서도 어떤 사람은 절망을 '선택'하고, 어떤 사람은 희망을 '선택'하며 그 선택에 따라 그들의 삶이 달라지는 모습을 보았어.

절망을 선택한 사람들은 옷 입고 세수하는 것, 밖으로 나가는 것을 거부했대. 간청과 주먹질, 위협도 효과가 없었고, 병실로 옮겨지는 것도 거부하고 그밖에 도움이 되는 그 어떤 것도 거부했어. 그냥 포기해버린 거지. 꼼짝 않고 누워서, 심지어 그 자리에 배설하고, 또 자기가 싼 배설물 위에 그냥 그렇게 누워 있으려고만 하며 죽어갔어.

빅터 프랭클은 희망을 선택했다가 절망을 선택한 사람의 이야기도 들려주었어.

강제수용소에서 3월 30일에 전쟁이 끝날 거라는 꿈을 꾼 사람이 있었어. 그는 희망에 차 있었어. 그러나 상황은 그 약속한 날에 자유의 몸이 될 가능성이 거의 없어 보였지. 3월 29일 그는 아프기 시작했고 열이 아주 높게 올랐어. 3월 30일에 의식을 잃었고, 3월 31일에 죽었어. 사망의 직접적인 요인은 발진티푸스였지만 빅터 프랭클은 이렇게 진단했어.

내 친구의 죽음을 초래했던 결정적인 요인은 기대했던 해방의 날이 오지 않았다는 데 있었다. 그래서 그는 몹시 절망했으며, 잠재해 있던 발진티푸스 균에 대항할 그의 저항력이 갑자기 떨어진 것이다. 미래에 대한 믿음과 살고자 하는 의지는 마비되었고, 그의 몸은 병마의 희생양이 되었다.

반면 나치의 강제수용소에 있었던 사람들 중에서 자기가 해야 할 일이 있다는 것을 알고 있는 사람들이 더 잘 살아남았대. 빅터 프랭클이 바로 그런 경우였어. 그의 이야기를 들어볼까?

아우슈비츠에 처음 잡혀 갔을 때 나는 출판을 위해 집필 중이었던 원고를 압수당했다. 이 원고를 새로 쓰고 싶다는 나의 강렬한 열망이 가혹한 환경 속에서 나를 살아남도록 했던 것은 분명한 사실이다. 바바리아 수용소에서 발진티푸스에 걸려 고열에 시달리고 있을 때, 나중에 원고를 다시 쓸 때 도움이 되도록 나는 작은 종잇조각에다 수없이 많은 메모를 했다. 바바리아 강제수용소의 어두운 막사 안에서 잃어버린 원고를 다시 쓰는 이 작업이 내가 죽음의 위험을 극복하는 데 도움을 주었다.

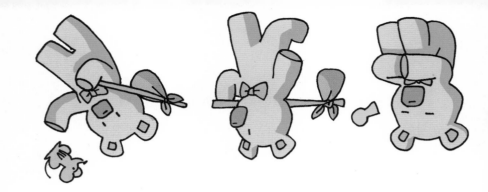

빅터 프랭클은 또 이렇게 말했어. "인간은 삶으로부터 질문을 받고 있으며, 그 자신의 삶에 대해 '책임'을 져야만 삶의 질문에 대답할 수 있다"고.

'자는 애' '조는 애' '코 고는 애' 이런 네가 싫다고? 그렇다면 너는 삶이 너에게 던지는 질문에 귀 기울이고 싶은 거야. 그 질문은 깨어나 책임을 져야만 대답할 수 있단다. 무슨 말인지 어렵다고? 그럼 이야기 하나 들려줄게. 미하엘 엔데가 쓴 《곰돌이 워셔블의 여행》이야.

워셔블은 낡고 오래된 곰인형이야. 이름이 왜 워셔블이냐면 '물에 빨아도 된다'는 의미로 귀에 달려 있던 조각 그대로 이름이 되어 버렸거든. 어느날 시끄러운 파

리가 날아와 왜 그렇게 앉아만 있
느냐고 물어보며 놀려대.

"자기가 왜 사는지도 모르다니! 넌
바보야! 정말 형편없는 바보라고!"

그러자 곰돌이 워셔블은 자기가 사는
이유에 대한 해답을 찾기 위해 여행을 떠
난단다. 생쥐, 꿀벌, 뻐꾸기, 코끼리, 뱀,
나비를 만나 물었지만 답을 찾을 수 없었
어. 워셔블은 그곳을 지나고 있는 가난한
소녀를 만나게 되고 가난한 소녀는 워셔블에게
이렇게 말하지.

"난 한 번도 곰인형을 가져본 적이 없어. 그런데 넌 정말 예쁘
구나. 난 네가 정말 좋아. 내 곰인형이 되어줄래?"

비로소 워셔블

은 톱밥과 스펀지로만

가득 채워진 가슴이 온통 따뜻한 기운으로 가득 차는 것을 느낀

단다. 드디어 자기의 존재 이유를 알게 된 것이지.

워셔블처럼 길고 긴 여행을 떠나지는 않아도 어쩌면 우리는

매일 만나고 달라지는 상황 속을 여행하고 있는지도 몰라. 이 여

정에서 우리는 어떤 책임을 져야만 하는 걸까?

'이 세상에 태어난 이상 인간은 자신의 생존에 대한 책임'이

있단다. 한 정신건강의학과 전문의의 말이야. 그리고 오늘 하루

'최선'을 다해야 하는데, 여기서 말하는 최선이란 온몸의 에너지

를 다 쓰며 무지무지 애쓰라는 게 아니라, '동이 터 자리에서 일

어날 때부터 밤에 잠들 때까지 나름대로 내가 나에게 도움이 되

게 살았다면, 그게 오늘의 최선'이야.

너무 졸려 수업 시간에 꾸벅꾸벅 졸 수도 있어. 잘 자고 와. 개

운하다면 기분도 좋을 거고. 하지만 늘 언제나 생각 없이 잠자도

록 너를 버려두지는 마. 그 순간에도 삶은 흐르고 너는 새로운

관계와 상황을 만나고 있단다. 또 너는 거기에 책임이 있어.

이제 너의 마음속에 이런 질문을 품어보는 것은 어떨까?

"오늘도 너는 너에게 도움되게 살았니?"

# 성공과 실패를
# 내가 어떻게 기억하는가

대학 입시에 두 번 떨어진 아이가 있었어. 그 아이는 정말 최선을 다하고 엄청 열심히 했는데 한 번도 아니라 두 번이나 떨어지고 말았어. 잠도 안 자고 아침부터 밤까지 단 하루도 게으름 피운 적이 없는데……. 또 떨어지다니 정말 세상이 무너지는 것만 같았지. 주변에서는 위로한다며 '최선을 다했으면 됐지.' 그러는데 하나도 위로가 되질 않았어. 다시 대학 입시에 도전해야 하는 거야? 그러면 붙을 수 있는 거야? 그런데 또 떨어지면? 끝이 보이지 않는 깜깜한 굴속에 들어온 것 같았지.

열심히 해도 보답을 받지 못할 때, '실패'가 나를 짓눌러 무기력에 빠져 있을 때 어떻게 해야 할까?

．．．

새클턴이라는 이름을 들어봤니? 남극 대륙 횡단에 도전한 탐험가 말이야.

남극은 표면의 98퍼센트가 얼음으로 덮여 있는 곳이지. 연평균 기온 영하 30℃, 최저 기온이 영하 89℃까지 떨어지는 곳. 이 극한의 상황에 도전하다니 정말 대단하지? 새클턴의 도전은 성공했냐고? 안타깝게도 실패하고 말아. 그러나 새클턴은 '가장 위대한 실패자'로 불려.

1914년 8월 새클턴은 동료 27명과 함께 드디어 인듀어런스 호를 타고 영국에서 출발해. 그러나 출항 44일 만에 험난하기로 유명한 웨들 해를 항해하던 중 물 위의 부빙(떠다니는 얼음덩이)에 갇혀 표류하고 말아. 탐험 시작 6개월 만에 인듀어런스 호는 침몰. 탐험은 이렇게 끝이 났어.

그러나 여기가 끝은 아니었지. 새클턴은 새로운 목표를 세워.

"이제 우리의 목표는 남극 횡단이 아니라 무사 귀환이다."

새클턴과 동료들은 표류 170일 만에 엘리펀트 섬이란 무인도에 도착했어. 이곳은 원래 항로에서 한참 벗어나 있고 생명체는 펭귄이 전부인 곳이었지. 살아 돌아갈 수 있을까? 새클턴은 희

망을 놓지 않았어.

그는 전원 무사 귀환이란 새로운 목표를 향해 다섯 명의 대원과 비장한 발걸음을 내디뎠어. 작은 보트 한 척으로 시속 100㎞의 바람과 20m 높이의 파도에 맞서며 구조 요청을 위한 위험한 항해를 시작해.

"우리가 성공하지 못한다면 남은 사람들을 우리 손으로 죽인 것이나 마찬가지이다. 꼭 살아서 돌아와야 한다."

이런 절박한 심정으로 항해 20일 만에 보트는 사우스 조지아 섬에 도착하고, 9일이 더 걸려 사람이 있는 기지에 간신히 도착하게 돼. 당시는 제1차 세계대전이 치러지던 시기라 모국 영국마저도 구조선 지원을 거부했어. 그래도 섀클턴은 포기하지 않앉어.

1916년 5월 새클턴은 드디어 구조선을 구해 엘리펀트 섬으로 향해. 하지만 또 다른 장애물이 기다리고 있었어. 기상 악화로 그만 모든 길이 막혀버리고 말았던 거야. 또 실패! 그러나 새클턴은 끝끝내 포기하지 않았어. 마침내 8월 30일 그는 칠레 정부가 급히 보내준 군함을 타고 엘리펀트 섬 진입에 성공했어.

배 위에서 쌍안경을 보며 새클턴이 제일 먼저 한 일은 뭘까? 맞아, 대원들의 숫자를 세는 일이었지. 그는 다급하게 물었어.

"한 사람도 빠짐없이 무사한가?"

새클턴이 구조 요청을 하러 간 사이, 22명의 대원들은 엘리펀트 섬에 남아 보트 두 개로 움막을 만들고 하루 11마리의 펭귄을 잡아먹으며 대장이 돌아오기만을 기다렸어. 그들의 대답은 감사하게도 "네, 모두 무사합니다!"라는 것이었어.

탐험은 참담한 실패였지. 그러나 남극이라는 극한 지역에서 조난 637일 동안 단 한 명의 사상자도 없었던 '위대한 항해'였던 거야.

만약 인듀어런스 호가 침몰하고 난 후 새클턴이 남극 대륙 횡단은 실패라며 절망하고 말았다면? 정말 상상하기 힘든 끔찍한 일이 일어났겠지. 그런데 그 실패를 딛고 생명을 살리겠다는 더 큰 목표를 향해 간절한 발걸음을 내딛어 전원 무사 귀환이라는 더 큰 성공을 이룰 수 있었어.

• • •

성공이냐 실패냐 하는 것은 인생의 어느 시점에 세운 그 목표에 대한 판정일 뿐이야. 성공과 실패를 내가 어떻게 기억하느냐에 따라 삶이라는 큰 나무에 독이 되기도 하고 풍성한 거름이 되기도 해.

성공이 자칫 잘못하면 교만함으로 이어져 더 큰 미래에 장애가 될 수 있듯, 실패는 심오한 자기 성찰을 거치며 인생의 풍성한 거름이 되기도 해.

미국 항공 우주국(NASA)이 달 착륙선 아폴로 11호에 탑승할 우주 비행사를 선발할 때 이런 조항이 있었대.

'실패했던 사람을 우대합니다.'

실패가 스펙이라는 말씀? 그래. NASA는 우주의 불확실한 환경에 유연하게 대처하려면 실패를 겪은 사람이 유리하다고 보았지. 실패가 주는 겸손과 자기 성찰이 최초 우주 비행에 필요한 덕목이라고 판단했던 거지.

실패했다는 건 도전했다는 말이잖아. 그러니까 실패했다면 우선 도전한 너의 용기에 박수를 보내야 해.

열심히 안 해서 실패했다면 생활 태도를 돌아보는 귀한 기회가 되었을 거야. 반대로 정말 열심히 했는데 실패했다면? 그래서 서러운 눈물이 북받치고 세상에 대한 분노가 솟구친다면? 그렇다면 너는 지금 인생의 귀한 선물을 받은 거야. 온갖 고난을 견디며 모든 과정을 묵묵히 견뎌냈기에 받을 수 있는 선물을.

너는 그 도전이 진정 원하는 것이었는지 진지하게 물으며 자신의 정체성에 다가갈 수 있어. 혼신의 힘을 기울일 마지막 도전을 비장하게 준비할 수도 있고. 다른 사람의 좌절과 아픔에 공감할 수 있는 내공을 쌓아 마음 넓은 사람이 될 것이고.

자, 실패가 던져주는 귀한 선물을 알아볼 수 있겠지?

# 편안하게
# 마주하기

에디슨은 최고의 '실패왕'이었어. 그는 2,399번의 실패를 거듭했고 평생 실패한 횟수를 모두 합치면 11만 번에 이른다고 했어. 뉴욕 양키스의 전설적인 포수 요기 베라는 '끝날 때까지 끝난 게 아니다(It ain't over till it's over)'라고 했대.

그러니까 자꾸자꾸 도전하라고? 자꾸 실패하다 보면 성공한다고? '끝날 때까지 끝난 게 아니'라며 포기하지 않아서 요기 베라가 뉴욕 양키스의 황금기를 이끌며 홈런 358개를 기록하지 않았냐고? 그런 말을 계속하려는 거 아니냐고?

하하, 너 슬슬 지겨워진 거지? 꼰대 같은 소리 그만하라고 말하고 싶은 거지? 눈치 빠른 마리아이가 모르겠어?

그런데 이 마리아이님이 말하려는 사람은 요기 베라가 아니라, 요기 베라에게 어떻게 앉으면 벤치가 편한지 알려주었던 에버렛 라마 브리지스의 이야기야. 《가만한 당신》이라는 책에 나온 그의 이야기를 간략하게 들려줄게.

• • •

애칭으로 로키라 불렸던 이 사람은 말이야, 1951년 미국 메이저리그 브루클린 다저스에 입단했어. 1961년 LA 에인절스에서 은퇴할 때까지 다양한 포지션을 거치며 만 10년 동안 2,272타석 2할 4푼 7리의 타율을 기록했고, 통산 16개의 홈런을 쳤대. 뭐? 홈런이 160개도 아니라 16개라고?

눈치챘겠지만 로키가 현역 시절 가장 오래 머문 자리는 벤치였어. 그러니까 후보로 머문 시간이 가장 길었다는 이야기지. 미국 프로야구 역사의 저 숱한 스타들 명단 속에서 그의 이름을 찾기란 쉽지 않아.

그는 많은 팀을 거쳤대. 이유는 물론 그가 팀 성적에 별 도움을 주지 못했기 때문에 팀마다 오래 받아주지 않아서야. 반짝할 때도 있긴 했어. 1958년 워싱턴 시네이터스에서 그는 현역 시절을 통틀어 가장 높은 3할 7리의 타율을 기록, 생애 처음이자 마지막으로 올스타팀에 선발되었어. 그렇지만 그는 경기 내내 벤치에 머무르고 말았대. 선수로 받은 급여가 생활비로 충분하지 않아 난로 청소부나 공사장 인부 등으로 일하며 생활비를 보충했고, 겨울이면 배관 공사장에서 굴착 작업을 하곤 했어.

그러나 야구에 대한 열정은 누구 못지않아 어떤 불규칙 바운딩 볼도 글러브로 안 되면 얼굴로라도 막아내려 했던 선수였어. 그래서 그의 얼굴은 콘크리트 블록 같은 머리에 앞니도 벌어져 여러 차례 공에 맞은 흔적이 역력했다고 해.

로키는 "나는 야구 인생을 슬럼프로 시작해서 내내 슬럼프에 머문 유일한 선수"라고 말했어. 하지만 야구를 정말 사랑하는 이들 중에는 그를 메이저리그의 가장 '즐겁고 행복한' 선수로 기억하는 이들이 적지 않아.

소속 팀 브루클린 다저스가 월드 시리즈에 진출했을 때도 그는 묵묵히 벤치를 지켰는데, 그는 올스타전 당시를 이렇게 회고하고 있어.

"비록 경기에 나서지는 못했지만 나는 미키 맨틀, 테드 윌리엄스, 요기 베라와 함께 벤치에 앉아 있었다. 나는 그들에게 어떻게 앉으면 편한지 가르쳐주었다.""나는 그 멋진 경기를 돈을

받으면서 구경했고, 내 자리는 누구보다 좋은 자리였다"라고.

로키는 넉넉한 웃음으로 팀 분위기를 고양시켰고, 어떤 포지션이든 맡기면 흔쾌히 응했다고 해. 그는 늘 즐겁게 그 역할들을 수행했는데, 비록 대역일지라도 경기에 참여한다는 사실 자체를 대단한 특권으로 여겼지. 그리고 "나는 늘 프로야구 메이저리그 선수가 되고 싶었다. 이제 선수 생활은 끝났지만, 지금도 내가 선수였다는 생각만 하면 행복하다"라고 말했대.

1962년부터 로키는 마이너리그 감독 생활을 시작해. 1989년 은퇴할 때까지 그는 1300여 경기를 이기고 1,358경기를 져서 승률은 4할 8푼 9리에 그치고 말아. 감독으로서도 뛰어나다 말할 수 없는 성적이었지.

그의 감독 시절, 한 선수의 회고담이야. 한번은 그 선수의 경기가 영 안 풀리던 날이었는데, 로키가 마운드로 와서는 슬며시 팔짱을 끼더니 이렇게 말했다고 해.

"내 어깨 너머를 한번 봐봐."

"아무것도 안 보이는데요."

"맞아. 너밖에 없어."

로키는 죽이 되든 밥이 되든 끝까지 마운드를 책임지라는 말을, 믿는다는 말을 그렇게 할 줄 아는 사람이었어. 로키가 가장 잘한 것은 야구를 즐기는 거였지. 야구사를 썼던 메이저리그 투수 출신 짐 버턴은 이렇게 말했대.

"로키가 위대한 감독인 이유는 야구가 즐거워야 한다는 사실을 누구보다 잘 이해하고 있었기 때문이다."

벤치의 익살꾼 로키를 생각하니 안달하고 조급해하는 마음이 부끄러워지네. 이기려고만 했던 뾰족한 마음도 우스워지고.

안 풀린다, 맨날 그 모양이다, 내 모습이 후줄근해 보여 한없이 무기력한 날에는 로키를 기억해보자고. 즐기는 사람이 이기는 사람보다 행복하다는 것 잊지 말고!

# 늘 희망을 찾아 나선
## 돈키호테

《돈키호테》를 아니? 그래, 세르반테스의 소설.

돈키호테는 원래 '착한 알론소 키하노'라 불리던 시골 귀족이었는데 어느 날 기사가 되기로 작정하지. 이름도 '돈키호테'로 바꾸고 새 인생 시작! 기사가 되려면 무기와 갑옷도 필요하겠지? 그래서 증조부님이 쓰던 낡은 무기를 꺼내 녹과 곰팡이를 제거하고 깨끗하게 손질한 뒤 말라빠진 늙은 말 로시난테를 타고 떠나. 불의를 무찌르고 기사의 숭고한 이상을 실행할 기회가 있는 모험을 찾아 세상 속으로 고고! 처음 출판되었을 때부터 폭발적인 인기를 누렸다는 이 작품은 인간에 대한 깊이 있는 성찰이 담긴 최고의 소설로 꼽혀.

이 소설을 쓴 세르반테스는 어떤 사람일지에 대해서도 궁금증이 생길 거야. 그는 어떤 사람이었을까? 풍자와 기지가 넘치는 작품을 보아 우울, 무기력과 거리가 먼 평탄하고 자신감 넘치는 삶을 살았을 것 같지?

그런데 그의 삶은 녹록하지 않았어. 결코 평범한 삶은 아니었어. 레판토 해전에 참가했다가 전투 중에 가슴과 왼손에 총상을 입었고, 그 후유증으로 평생 왼손을 쓰지 못했대. 또 해적에게 붙잡혀 5년간 노예 생활을 하기도 했어. 감옥 생활도 수차례 했고 집안의 가장으로서 처절한 생활고에 대한 부담을 짊어졌대. 가난의 굴레가 평생 따라다닌 건 물론이고. 게다가 작가로서도 꿈을 펼치기 어려운 상황이었어. 당시에는 합스부르크 절대왕정과 종교재판소의 감시하에서 수많은 작가가 파리 목숨처럼 희생되는 시기였거든.

이런 온갖 장애 속에서도 세르반테스는 항상 희망을 놓지 않는 낙천적인 성격의 소유자였대. 불구가 되어 '레판토의 외팔이'라는 별명을 얻었지만, "오른손의 명예를 드높이기 위해 왼팔을 쓰지 못하게 되었다"며 여유를 잃지 않았어. 또 자유롭게 비판할 수 없는 사회적 분위기에서 자신의 말을 하기 위해 독특한 소설 양식을 만들어내지.

· · ·

《돈키호테》 중에 이런 장면이 나와. 돈키호테는 풍차를 팔이 긴 거인이라 여기고 공격해. 하지만 풍차의 날개를 향해 창을 찌르는 순간 너무나도 세찬 바람에 풍차가 움직이면서 창이 산산조각이 났고, 돈키호테는 높이 떠올랐다가 들판에 내동댕이쳐지고 말지. 어쩌면 엄혹한 상황 아래 글을 쓰면서 세르반테스도 그런 위협과 공포를 느꼈을지 몰라.

그러나 세르반테스는 현실의 장벽에 갇혀 자신을 포기하지 않아. 돈키호테를 정상인이 아니라 광인으로 만들어 당시 교회와 성직자, 귀족 등을 유머러스하게 풍자하고 조소함으로써 검열관의 눈을 피하지. 그리고 돈키호테의 광기를 이용하는 형태로 교묘하게 사회를 비판하며 자신이 꿈꾸는 유토피아를 역설하는 자유를 펼친 거야.

아무것도 못하겠다고? 잘할 줄 아는 것도, 능력도 없다고? 내가 뭘 할 수 있겠냐고?

세르반테스를 봐. 그가 만든 돈키호테를 봐. 반짝반짝한 갑옷과 투구가 없다고 기죽지 않잖아. 낡은 무기라도 녹과 곰팡이를 닦아내 당당히 지니고 세상 속으로 떠나는 돈키호테처럼 이렇게 소리쳐보는 건 어때?

"결투에서 얻은 상처들은 명예가 되면 되었지 명예를 떨어뜨리지는 않는단다."

자신감이 없어도 용기를 낼 수 있어. 중요한 것은 내가 변할 수 있고 나에게 가능성이 있다는 기대를 버리지 않는 거야. 그거면 돼. 이제 세상 속으로 발을 떼어봐. 돈키호테의 길을 가보는 거야.

방법은 부딪치면서 발견하면 돼. 하다 보면 나에게 없던 능력도 발견할 수 있어. 또 가다 보면 세상일이 그렇게 완벽하게 돌아가는 것이 아니라 빈틈이 많다는 것을 알게 될 거야. 생각보다 많은 일이 필연과 우연의 결합이기 때문에.

세상일에는 실패와 성공의 경계가 분명하지 않은 일이 너무 많아. 용기를 낼 때는 그 길이 가야 할 길이고, 옳은 길이기 때문에 용기를 내는 것이지 성공이 확실한 길이라 용기를 내는 것은 아닐 거야. 용기란 그런 것 같아.

이왕 가는 것 용기를 내는 거야. 항상 승리하지 않더라도 최선을 다하는 거고, 용기를 내다 보면 자신감도 생기는 거지. 사람들은 흔히들 거창한 무언가를 이루어내야 자신감이 생길 거라고 생각해. 하지만 최고의 자신감은 크든 작든 자신이 뜻한 바를 이루어냈을 때 나와.

. . .

아직도 용기가 나지 않는다고? 자꾸만 팔다리가 움츠러든다고? 그런 너에게 들려주고 싶은 이야기가 있어. '우유에 빠진 개구리' 이야기야.

연못에 개구리 세 마리가 살았대. 어느 날 개구리들은 사람이 사는 마을로 놀러 갔어. 마침 사람들이 농사일을 하러 나가 집이 비어 있었어.

"와, 이 고소한 냄새는 뭐지?" 개구리들에게 통 하나가 눈에 들어왔어. 저 통에서 나는 냄새구나. 이건 우유다, 우유, 맛있겠다! 한 입만 먹어봐야지 하고 개구리들은 저마다 통 속으로 들어갔어. 으악! 미끌미끌한 우유통으로 들어가다 그만 모두 빠져버렸네!

개구리들은 빠져나가려고 애를 썼지만 주둥이가 긴 미끌미끌한 우유통 속에서 나갈 수가 없었어.

첫 번째 개구리는 생각했어.

"아 이제 꼼짝없이 죽게 되었구나. 도저히 여기서 헤어나지

탈출 성공!

못할 거야! 내 운이 여기서 다하는구나……." 하고 자신의 처지를 운명이라 받아들이고 서서히 죽어갔어.

두 번째 개구리는 첫 번째 개구리와 달리 살기 위해 힘껏 발버둥쳤어. 그런데 아무리 발버둥쳐도 힘만 빠지고 살길이 막막해졌지.

"이렇게 죽다니 믿을 수 없어. 이제 어떻게 해야 하지? 결국 첫째 개구리와 다를 것이 없구나."

그리고 이내 살기 위한 노력을 포기하고 서서히 죽어갔어.

세 번째 개구리는 이전의 개구리들과 달리 생각했어.

"아, 내가 고소한 냄새에 현혹되어 이런 고초를 당하는구나. 하지만 하늘이 무너져도 솟아날 구멍이 있다고 했는데, 아직도 할 일이 많은 내가 여기서 죽을 수는 없어. 두 개구리처럼 허무하게 죽음을 맞이할 수 없는 노릇이지……."

세 번째 개구리는 천천히 헤엄치며 쉬지 않고 허우적거렸어. 얼마나 지났을까? 쉬지 않고 헤엄치는 가운데 무언가 발밑에 걸리는 것이 있었고 그것은 이내 딱딱해졌어. 세 번째 개구리는 그것을 딛고 우유통 밖으로 나왔어. 살았다! 살았어!

무슨 일이 일어난 걸까? 개구리의 쉼 없는 허우적거림에 우유가 굳어져 버터가 되었던 거지.

무기력은 우리로 하여금 세상일을 두렵게 만들어 차마 도전할 엄두가 안 나게 하지. 처음엔 불도저처럼 거칠 것 없이 도전하다가도 무기력에 빠져들면 첫 번째, 두 번째 개구리처럼 잔뜩 겁을 먹고 상황에 맞서기보다 체념하게 돼. 그러다 보면 어떤 방법도 시도해보지 못한 채 포기하고 말지. 하지만 세 번째 개구리처럼 두려움을 이겨내고 죽을힘을 다해 도전하다 보면 아무리 절망적인 상황도 바뀔 수 있어.

'잘될 수 있을까?'라는 의심과 두려움 속에 갇혀 있다 보면 삶을 바꿀 기회마저 놓칠 수 있어. 용기를 내야지. 우유가 버터가 되듯 믿음을 갖고 허우적대며 삶의 고난을 삶의 기회로 바꾸어야 해.

# 무슨 일이 있어도
# 지금보다 나아질 거야!

변방 노인의 말이라는 뜻을 가진의 '새옹지마'라는 옛이야기를 아마도 다 알 거야. 복이 화가 되고 화가 복이 되는 중국 고사성어지. 이 노인의 말이 달아나서 나쁜 일인가 했더니, 오랑캐의 뛰어난 말을 데리고 돌아와 좋은 일이 되었대. 며칠 후 노인의 아들이 오랑캐의 말을 타다가 떨어져서 다리를 다쳐 나쁜 일인가 했더니, 그 일로 절름발이가 되어 전쟁터에 끌려가지 않게 되었고, 마을에서 노인의 아들만은 살아남았대.

결국 인생에서 변화는 계속 일어나고, 그 깊이는 예측할 수 없다는 것이지.

심리학자 반두라는 미래를 예측할 수 없는 우리 인생에서 '효능감'을 키우는 게 가장 중요하다고 했어. 효능감이란 좀 더 쉽게 말하면 '나 스스로 무엇이든 할 수 있다는 믿음'을 가지는 거야. 그래야 내가 내 인생의 주인공으로 성장할 수 있어. 효능감에서 가장 중요한 것은 '가치 부여'와 '문제 해결 방법'을 아는 거고.

그러기 위해서는 아주 작은 성공일지라도 성공 경험을 쌓는 게 중요해. 아기가 언어를 배울 때 주변에서 충분히 들으면 어느 순간 말문이 트이는 것처럼, 물을 끓일 때 1도씩 점차 오르다가 100도가 되면 액체가 기체로 전환하는 것처럼, 한 단계가 넘어가는 비약의 과정과 시기 역시 모두 다르지. 이건 남이 찾아줄 수도 없고 무엇보다 스스로 찾는 것이 중요해.

인생길이 고속도로처럼 직선으로 쭉 뻗어 있으면 참 좋겠지만 인생은 지그재그야. 나사못처럼 나선형이지. 한번 넘어진다고 해서 포기하지 말고, 기우뚱하더라도 다시 자기 방향을 보고 가야 하는 거야. 파도 위에 떠 있는 배들도 기우뚱하다가도 이내 중심을 잡아 갈 길을 잘 찾아가잖아. 집이나 학교에서 지금 당장 진로를 정하라 하고(혹은 부모님이 정해주시고ㅜㅜ), 인생의 답을 찾으라 하지. 그리고 그것이 정답이 아니면 낙오자라도 되는 것처럼 압박하지만 인생은 생각보다 길어. 지금 좋은 일이 언젠가 안 좋은 일일 수도 있고, 지금 안 좋은 일이 사실은 언젠가 좋은 일일 수도 있어. 지금 좀 늦은 것 같고, 패배하는 것 같고, 못하는 것 같더라도 자기 스스로를 친구 삼아 위로하고 격려하며, 나를 알고, 나의 속도와 방향을 찾아 하나씩 단계적으로 노력하다 보면 긴 인생길 외롭지 않게 걸어갈 수 있을 거야.

· · ·

《그릿》이란 책에는 소설가 어빙에 대한 이야기가 나와.

어빙은 '현재 미국 문학계에서 가장 뛰어난 이야기꾼'으로 칭송받는 소설가야. 지금까지 열 권이 넘는 소설을 썼고 그 대부분이 베스트셀러, 절반은 영화로 제작되었대. 그가 직접 각색한 〈사이더 하우스〉는 아카데미 각본상을 수상했고.

와, 정말 소설가로 대단한 이력인걸. 어빙은 당연히 글 쓰는 재주를 타고 났겠지? 하지만 어빙의 특기는 원고 고쳐 쓰기야. 그는 습작 시기를 이렇게 묘사해.

"무엇보다도 원고를 전부 뜯어고쳤어요. 재능의 부족을 심각하게 느끼기 시작했죠."

아무리 그래도 소설가니까 학교 다닐 때 국어, 아니 미국이니까 영어를 무지 잘했겠지? 그런데 뜻밖에도 그는 고등학교에 다니는 동안 영어 과목에서 C–를 받았다고 해. SAT 언어 영역 점수는 800점 만점에 475점으로 SAT를 치른 학생들 중에서 하위 3분의 1에 해당하는 점수를 받았고. 더욱이 졸업 학점이 모자라서 고등학교를 1년 더 다녀야 했대. 어빙은 선생님들이 자신을 '게으르고 멍청한' 학생으로 여겼다고 회상하고 있어.

그러나 어빙은 게으르지도 멍청하지도 않았어. 심한 난독증 (글자를 읽거나 쓰는 데 어려움이 있는 증세)이 있었을 뿐이야.

"저는 공부를 잘할 수가 없었어요……. 친구들이 역사 과목의 읽기 과제를 한 시간 안에 끝낼 수 있다면, 저는 두세 시간을 들여야 했어요. 철자를 외울 수 없을 때는 가장 자주 틀리는 단어들만 모아 단어장을 만들어 공부했어요."

그는 자신의 아들이 난독증으로 진단받았을 때야 비로소 왜 자신이 그렇게 열등한 학생이었는지 이해하게 돼. 어빙의 아들은 친구들에 비해 읽는 속도가 현저히 느렸어.

"아들도 저처럼 손가락으로 문장을 짚어가며 읽더라고요. 저도 여전히 그렇게 읽거든요. 내가 쓴 글이 아니면 무슨 글이든 아주 천천히 손가락으로 짚어가며 읽습니다."

읽고 쓰기가 쉽지 않았던 까닭에 어빙은 '어떤 일을 잘하려면 능력 이상으로 노력해야 한다'는 것을 배웠어.

"제 경우에는 두 배로 집중해야 한다는 것을 알게 됐습니다. 거듭해서 하다 보면 타고난 재능이 없는 일도 제2의 천성처럼 된다는 것을 깨달았죠. 그 일을 할 능력이 있기는 하지만 하루아침에 되지는 않는다는 사실을 배웠습니다. 작가로서 제가 가장 잘하는 일은 고쳐 쓰기 입니다. 저는 소설이든 각본이든 초고를 완성한 시간보다 더 많은 시간을 들여서 원고를 수정합니다."

어빙은 매일매일 노력한 끝에 매우 문장력이 좋고 다작하는 작가가 되었어. 그는 노력을 통해 대가가 되었고, 노력 끝에 얻은 대가의 필력으로 수백만 독자에게 감동을 준 작품을 탄생시켰어.

베스트셀러 작가가 난독증이었다고? 노력으로 장애를 극복하고 심지어 훌륭한 작가가 되었다니 정말 놀라워. 어제보다 잘하려고 오늘 노력하는 힘! 그 힘이 얼마나 큰 것인지 어빙을 통해 알 수 있을 것 같아.

• • •

누구든지 자신의 재능이 한심해 보일 때가 있어. 그러면 하는 일이 지루하고 노력할 가치가 없어 보이고 심지어 포기하는 게 좋겠다는 생각까지 들어. 내가 정말 그 일을 좋아하나 나의 열정이 의심스러워지고.

그런데 《그릿》의 작가인 심리학자 엔젤라 더크워스는 그릿은 타고나는 것이 아니라 성장시킬 수 있다고 말해. 그리고 그 방법으로 네 가지가 있대.

첫째는 관심이야. 열정은 자신이 하는 일을 진정으로 즐기는데서 시작된다고 말하고 있어. 자기 일에 푹 빠져 있고 일에서 의미를 발견하면 성장한다고 해.

둘째는 연습이지. 어제보다 잘하려고 매일 단련하는 종류의 끈기를 말하는 거야. 온 마음을 다해 집중하고 난관을 극복하며 기술을 연습하고 숙달시켜야 해. 하루에 몇 시간씩, 몇 주, 몇 개월, 몇 년 동안 자신의 약점을 집중적으로 반복 연습해야 하고.

셋째는 목적이야. 자신의 일이 중요하다는 확신이 열정을 무르익게 하지.

마지막 넷째는 희망이야. 희망은 위기에 대처하게 해주는 끈기를 말하는데, 상황이 어려울 때나 의심이 들 때도 계속 앞으로 나아가는 법을 배우려면 맨 처음부터 끝까지 희망을 유지하는 일이 더없이 중요하다고 해.

엔젤라 더크워스는 이렇게 이야기해.

"우리는 다양한 시점에서 크고 작게 허물어진다. 그대로 주저 앉는다면 투지를 잃지만, 일어난다면 투지는 더 커진다. 당신은 관심을 느끼고 발전시키고 심화하는 법을 익힐 수 있다. 훈련을 습관으로 만들 수 있다. 목적 의식과 의미를 찾고 발전시킬 수 있다. 그리고 스스로에게 희망을 가르칠 수 있다."

무기력은 무책임과 게으름을 선택하지. 거꾸로 관심, 연습, 목적, 희망을 가지면 무기력과 작별할 수 있을 거야. 그리고 잊지 말 것은 "무슨 일이 있어도 지금보다 나아질 거야!"라는 생각을 놓지 않기!

# 포기하지 않는
# 기다림

내가 찾던 이상형이 나의 얼굴이었다고? 바로 나르키소스의 이야기야.

그리스신화 속 이 미소년은 연못에 비친 자신의 모습을 사랑하게 되지. 잡힐 듯 잡히지 않는 자신과의 숨바꼭질을 되풀이하다 결국 자기 그림자를 따라 물속으로 들어가 숨을 거두고 말아.

나르키소스, 정말 대단한 녀석이군. 자기 얼굴이 마음에 드는 정도가 아니라 자기 이상형이라고? 헐, 자기 얼굴이 마음에 드는 사람은 하나도 보지 못한 것 같은데. 잘나가는 아이돌도 방송에 나와 이야기할 때 보면 그렇게 잘생긴 얼굴도, 오른쪽과 왼쪽이 살짝 비대칭이어서 마음에 안 든다나. 그럼 나는 어쩌라고?

얼굴도 마음에 안 드는데 나를 사랑할 수 있겠어? 얼굴뿐이
야? 노래를 잘하나, 춤을 잘 추나, 공부는 또……. 아, 나는 왜
이렇게 못났을까?

. . .

너 또 신세 한탄하고 있구나. 하도 한심해서 이 마리아이님이
나오셨지. 네가 뭐가 어떠냐고, 너를 사랑하라고 말해주고 싶어
서. 뭐, 오글거린다고? 그래, 차근차근 말해줄게. 너를 사랑하라
는 말은 나르키소스처럼 자기에게 애착하라는 말이 아니야. '거
울아, 거울아, 이 세상에서 내가 제일 예쁘구나' 하며 황홀해하
라는 말도 아니고.

나를 사랑한다는 것은 무엇보다도 나를 있는 그대로 봐주는
거야. 내가 어떻게 생겼든 내 능력이 어떠하든 나는 못나지 않았
다는 것을 아는 것이기도 하지. '세상에 나쁜 사람은 있지만 못
난 사람은 없다'고. 심리학자 오은영의 말이야.

"그래서 더 나은 사람도 없습니다."

그러니까 우리는 '더 나은 사람'이 되려 남과 나를 비교하며
경쟁할 필요는 없어. 그것은 어리석은 짓이야. 그보다 나를 사랑

한다면 '나를 아는 사람'이 되는 것이 더 필요해.

"왜냐면 나를 알아야 나를 다룰 수 있기 때문입니다. 인생은 자신을 계속 알아가는 과정입니다. 자신에 대해서 많이 알면 알수록 자신을 더 잘 다루게 되겠지요. 자신을 잘 다루게 되면 마음이 쉽게 요동치지 않습니다. 자신에게 실망할 일이 조금은 덜 생깁니다. 그렇게 나를 알려면 마음의 안정감을 찾아야 합니다. 마음의 안정감을 찾으려면 나를 미워하고 혼내서는 안 돼요."

알겠지? 나를 사랑한다는 것은 우선 나를 미워하고 혼내면 안 되는 거래. '나를 아는 사람'이 되어 나를 온전하게 바라볼 수 있게 되는 것이고. 그리고 그런 나를 내가 안아줄 수 있다면 그 어

떤 것도 나를 무기력하게 놔두지는 못할 거야.

　나 자신을 사랑하는 마음으로 무기력한 상황과 마주하며 부딪쳐 나간다면 무기력쯤이야 영원히 바이바이~. 그렇게 너의 길을 찾아가는 너를 진심으로 리스펙!

· · ·

　무기력의 다른 말은 기다림 없는 포기야. 단념하고 더 이상 아무것도 하지 않는 거지. 뭘 해도 상황은 바뀌지 않을 거라고 생각했기 때문이야. 하지만 잠시 성공이 미뤄진 것이라면? 그렇다면 우리는 기다림의 시간을 가져야 하지 않을까?

　　정거장엔, 할머니 한 분,
　　차는, 벌써 떠나갔는데,
　　돌아가지도 않고,
　　기다립니다
　　어둑한, 길목엔,
　　깜작, 깜작, 등불이
　　켜졌어도,

막차가 떠나간 정거장서

할머니는 누구를

기다리시는지,

우두커니 서서,

돌아가지도 않고 기다리십니다.

_〈정거장〉, 오장환

이 시는 한 할머니가 정거장에 앉아 무언가를 기다리는 모습을 묘사하고 있어. 그런데 잘 살펴보면 기다리긴 하지만 기다림만을 묘사한 게 아니지? 막차는 이미 떠났고 할머니가 그걸 모르는 것 같지는 않거든. 그러니 시인의 의도는 기다림을 초월한 기다림, 즉 '기다림을 포기하지 않음'을 보여주려는 것 같아.

그런데 이런 태도야말로 우리에게 기회가 왔을 때 그 기회를 놓치지 않는 길이 아닐까? 기다림 자체를 포기하지 않는 것 말이야. 성급한 사람들은 기다림을 몰라. 독립을 믿을 수 없고, 기다릴 줄 모르기에 끝내 변절하고 말았던 이들처럼. 어찌 보면 무기력한 사람들은 기다림에 지친 것이 아니라 기다림이라는 미덕을 모르고 있는 게 아닐까?

삶에서 영원한 겨울은 없어. 봄날을 기다리는 나무처럼 우직하게 때를 기다려야 해. 언젠가 보란 듯이 비상할 그날을 위해 기다리며 준비해야 하지. 이렇게 포기하지 않는 기다림 속에서 우리는 희망과 마주할 수 있고 살아 있음을 느끼게 될 테니깐.

마리 i
마음상자
03

# 부록

나의 모습 그리기
나의 무기력 단계 체크해보기
나의 무기력 돌아보기
나의 효능감 찾아보기

## 나의 모습 그리기

• 수업 시간에 나는 어떤 모습인가요? 아래 그림에서 찾아보거나 그려보세요. 그리고 그림을 설명해보세요.

**그리기**

**그림 설명하기**

# 나의 무기력 단계 체크해보기

| 항목 | 전혀 아니다(1) 약간 그렇다(2) 그렇다(3) 많이 그렇다(4) 매우 그렇다(5) |
|---|---|
| 1. 쉽게 지치고 피곤함을 많이 느낀다. | |
| 2. 도저히 무언가를 할 엄두가 나지 않는다. | |
| 3. 하루가 지나면 쉽게 뻗어버린다. | |
| 4. 하는 것 없이 멍하니 시간을 보낸다. | |
| 5. 평상시보다 짜증스런 마음이 든다. | |
| 6. 자신이나 남들에게 부정적이다. | |
| 7. 예민하여 쉽게 화를 내는 경향이 있다. | |
| 8. 전보다 감기 같은 질병에 잘 걸린다. | |
| 9. 두통, 소화불량 등의 증상이 늘었다. | |
| 10. 아침에 일어나는 것이 힘들 때가 많다. | |
| 11. 홀로 시간을 보낼 때가 잦다. | |
| 12. 자신이 무가치하다고 생각한다. | |
| 13. 근심과 걱정이 꼬리에 꼬리를 문다. | |
| 14. 주위 사람들과 나 자신을 비교한다. | |
| 15. 자주 한계를 느낀다. | |
| 16. 하는 일들에 대해 의욕이 없다. | |
| 17. 유머나 위트가 줄어들었다. | |
| 18. 주위 사람들과의 대화에 어려움을 느낀다. | |
| 총점 | |
| 65점 이상 무기력(보통) 75점 이상 무기력(심각) | |

## 나의 무기력 돌아보기

• '아! 나는 참 대단해!' '나는 참 잘해!' 스스로에게 감탄해본 경험이 있나요?

---
---

• 일이 잘되어가고 있을 때 나는 그 이유가 주로 무엇 때문이라고 생각하나요?

① 내 능력이 뛰어나서

② 내가 열심히 노력해서

③ 외부 환경 덕분에 (조건, 다른 사람 등)

④ 운이 좋아서

• 내가 잘한다고 생각하는 일은?

---

• 내가 못한다고 생각하는 일은?

---

• 내가 잘 못하는데 잘하고 싶은 일은?

-----

• 일이 잘되지 않을 때 나는 그 이유가 주로 무엇 때문이라고 생
  각하나요?
  ① 내 능력이 부족해서
  ② 내가 열심히 노력하지 않아서
  ③ 외부 환경 때문에(조건, 다른 사람 등)
  ④ 운이 나빠서


• 잘 못하는 일에 도전해야 할 때 나는 주로 어떻게 하나요?
  ① 될 때까지 한다.
  ② 적당히 해보다가 안 되면 그만한다.
  ③ 시도는 해보지만 노력하지 않는다.
  ④ 해보지도 않고 포기한다.


• 나는 공부를 (잘하는/잘 못하는) 편이다.

• 공부하면서 즐겁다고 생각해본 적 있나요?

-----

## 나의 효능감 찾아보기

• 우리는 내가 잘 못할 것 같은 어려운 일이라고 생각했는데 그 일을 해냈을 때 성취감을 느낍니다. 다음 친구처럼 내가 못한다고 생각했는데, 그것을 시도해서 잘 할 수 있게 된 경험이 있다면 써보세요.

나는 ○○교과에 자신감이 없다. ○○교과만 생각하면 그냥 어렵고 나는 할 수 없는 거라는 생각이 앞서 공부해볼 엄두를 내지 않는다. 그래도 다른 과목들은 그 정도는 아닌데 ○○교과는 너무 어렵다. 마음을 먹고 수업을 들어보려고 노력도 해보았지만, 워낙 어렸을 때부터 ○○교과와 관련해서는 관심도 없고, 책을 읽은 적도 별로 없어서 공부하기가 너무 어려워 늘 잠이 들어 들어버리곤 했다.

그러니 늘 시험 결과도 좋지 않아 50점도 안 되는 경우가 많았다. 그런데 이번 시험에서 잘하는 친구의 교과서를 보고 교과서를 정리하고, 정리한 내용을 이해하고 머릿속에 집어넣기 위해 밤늦게까지 잠을 쫓아가며 공부해보았다. 그 결과 놀라운 일이 벌어졌다. 난생 받아보지 못했던 97점을 맞은 것이다. 온몸이 짜릿해졌고, 내가 할 수 있다는 걸 처음으로 깨달았다.

• 노력의 노력을 거듭해서 무기력을 극복한 친구의 이야기입니다. 이 친구처럼 노력을 통해 못했던 것을 잘하게 된 경험이 있었다면 써보세요.

중3 1학기 때 체육 수행으로 줄넘기를 했다. 전에는 2단 뛰기를 하나도 못했는데 밤마다 엄마랑 같이 나가서 2단뛰기 연습을 해서 겨우 5개 연속으로 할 수 있게 되었다. 또 체육 수업마다 열심히 연습을 해서 수행 커트라인을 넘을 수 있었다. 그때 넘은 후 나는 내가 그동안 연습한 결과가 나와서 뿌듯했고, 점수도 좋아서 기쁘고, 엄마에게 얼른 말하고 싶어졌다. 수행 만점을 맞고 싶었던 나의 간절한 마음과 성공할 때마다 주변에서 칭찬해줘서 가능했던 것 같다. 그리고 연습하면 진짜 할 수 있다는 걸 깨달았다.

☞